# Direitos Humanos
e Esporte

# Direitos Humanos e Esporte

COMO O "CASO GEORGE FLOYD" AJUDOU A TRANSFORMAR REGRAS DO JOGO

2023

Andrei Kampff

**DIREITOS HUMANOS E ESPORTE**
COMO O "CASO GEORGE FLOYD" AJUDOU A TRANSFORMAR REGRAS DO JOGO
© Almedina, 2023
AUTOR: Andrei Kampff

DIRETOR DA ALMEDINA BRASIL: Rodrigo Mentz
EDITOR: Marco Pace
EDITOR DE DESENVOLVIMENTO: Rafael Lima
ASSISTENTES EDITORIAIS: Larissa Nogueira e Letícia Gabriella Batista
ESTAGIÁRIA DE PRODUÇÃO: Laura Roberti

REVISÃO: Mariana Mortari
DIAGRAMAÇÃO: Almedina
DESIGN DE CAPA: Roberta Bassanetto

ISBN: 9786554271455
Julho, 2023

Dados Internacionais de Catalogação na Publicação (CIP)
(Câmara Brasileira do Livro, SP, Brasil)

Melo, Andrei Schmidt Kampff de
Direitos humanos e esporte : como o "caso George Floyd" ajudou a transformar regras do jogo / Andrei Kampff. -- 1. ed. -- São Paulo : Edições 70, 2023.

ISBN 978-65-5427-145-5

1. Direitos humanos 2. Esporte - Aspectos sociais 3. Esportes - Regras I. Título.

23-155715 CDD-361.614

Índices para catálogo sistemático:

1. Direitos humanos : Bem-estar social 361.614
Henrique Ribeiro Soares - Bibliotecário - CRB-8/9314

Este livro segue as regras do novo Acordo Ortográfico da Língua Portuguesa (1990).

Todos os direitos reservados. Nenhuma parte deste livro, protegido por copyright, pode ser reproduzida, armazenada ou transmitida de alguma forma ou por algum meio, seja eletrônico ou mecânico, inclusive fotocópia, gravação ou qualquer sistema de armazenagem de informações, sem a permissão expressa e por escrito da editora.

EDITORA: Almedina Brasil
Rua José Maria Lisboa, 860, Conj.131 e 132, Jardim Paulista I 01423-001 São Paulo I Brasil
www.almedina.com.br

Ao meus pais (Batista e Olenca) e ao meu trio (Marcela, Théo e Lara). Sem vocês, não faltaria apenas uma vírgula. Faltaria tudo.

# AGRADECIMENTOS

Sonhar é um dos exercícios mais democráticos do mundo. Ele não precisa ter compromisso com a realidade, a lógica, o bolso. O sonho esta ali para todos a toda hora. Se sonhar é um refúgio possível, a gente aproveita. E, de vez em quando, a vida nos acorda para uma realidade ainda mais surpreendente.

Eu nunca sonhei em fazer mestrado. Nunca sonhei em escrever um livro sobre direitos humanos no esporte (que só nasceu e teve com o base a dissertação do mestrado). Mas a vida tá sempre nos surpreendendo e nos colocando em histórias mais legais do que os sonhos. A vida e as pessoas.

Ter terminado um Mestrado em Direito, ter enveredado durante esse percurso desafiador e apaixonante para a área dos direitos humanos e tornar esse aprendizado em livro (algo que desde sempre me encantou) só foi possível por causa de pessoas que passaram no meu caminho. Que pessoas!

Primeiro, preciso agradecer aos meus professores. Doutor Cláudio Ganda pela paciência e serenidade na condução do processo de construção da dissertação. Professor Paulo Feuz pela companhia e generosidade permanente ao longo de anos de ensinamento. E aos professores Roberto Barracco, Jean Nicolau e Rafael Fachada pela grandeza de ensinar e repassar conhecimento.

Muito obrigado.

Agora, um obrigado do tamanho do mundo para minha turma de mestrado. A troca do tema compliance no esporte por direitos humanos durante o mestrado só aconteceu porque vocês me abriram os olhos, as atenções e provocaram a indignação necessária para a proteção de direitos humanos. Uma turma plural, mas que defende junto o combate ao preconceito não só como um direito, mas como um dever de todos nós. Ao André, um obrigado dobrado pela companhia também neste projeto.

Muito obrigado.

Obrigado à Ana Moser, aos professores Paulo Feuz, Cláudio Ganda, Wladimyr Camargos e Jean Nicolau e aos amigos Joanna Maranhão, Marcelo Carvalho e Pedro Trengrause por darem letras tão importantes a essa obra.

Muito obrigado.

Obrigado a Gabi Lisbôa, a Larissa, a Letícia, Laura, Marco, Izabel, Ana e a toda turma da Editora Almedina. Um prazer ter tido a companhia de gente tão competente ao meu lado e um orgulho ter uma editora como Almedina transformando conhecimento em páginas.

Muito obrigado.

Por fim, um obrigado aos meus pais, Batista e Olenca, por me apresentarem o encantamento do mundo das letras desde muito cedo. E a Marcela, ao Théo e a Lara pela paciência (meu trio), pela generosidade, bom humor e amor nesses tempos em que o mau humor e a falta de tempo tomaram conta de mim, mergulhado em reflexões e angústias que o processo de aprendizado sempre traz.

Muito obrigado.

Eu não sonhei. Mas se tivesse sonhado talvez não fosse como foi e deveria ter sido.

# APRESENTAÇÃO

Recebi a difícil missão de apresentar o novo livro de Andrei Kampff, o primeiro que versa diretamente sobre temas jurídicos. Digo difícil porque o autor é um dos melhores jornalistas do país e sabe como ninguém trabalhar com as minúcias da linguagem, essa categoria com a qual tanto o profissional da comunicação como o bacharel em direito são condenados a dominar com afinco.

O uso da linguagem molda a experiência humana na história e é a partir dela que se dá a forma como o jornalista e o jurista buscam contar os fatos, não se afastando da verdade. Pois temos aqui uma obra escrita por um Jornalista (com "j" maiúsculo mesmo) que agora se mostra por completo como jurista. Andrei Kampff, nas duas profissões a qual se dedica (na comunicação e na advocacia), lida com a linguagem com o talento e o rigor necessário e assim faz com não menos paixão e rigorosidade como jurista.

Trata-se de uma feliz regalia poder ler antes dos demais felizardos leitores que virão a partir de agora este que considero um dos mais completos, inovadores e academicamente complexos livros sobre Direito e Esporte. Contudo, a tarefa de quem apresenta um livro ainda se mostra ingrata por se tratar de um privilégio dado ao autor a quem ele confia tarefa tão nobre e arriscada, visto que quem apresenta uma obra como esta deve conter o ímpeto de induzir o leitor a uma análise pré-concebida, a uma leitura enviesada.

Chamo a atenção, porém, ao diálogo profícuo que o autor consegue realizar entre diferentes correntes acadêmicas, como, p. ex., a Teoria dos Sistemas de Luhmann e a Teoria da Ação

Afirmativa de Habermas, para assentar as teses que desenvolve no texto acerca das relações (indissociáveis) entre Esporte e Direitos Humanos. O leitor irá perceber um grau de sofisticação teórica que vai permeando toda a escrita do livro, porém de forma muito leve, quase que como uma matéria jornalística.

Temos aqui uma das melhores novidades no campo de estudos do Direito Esportivo. Andrei Kampff, com este livro, já faz história como jurista.

Boa leitura.

Wladimyr Camargos
Advogado, professor universitário e autor

# PREFÁCIO

Honram-me a Almedina e o autor Andrei Schmidt Kampff de Melo com o convite para o prefácio da obra que se abre a seguir a estas linhas, denominada **Direitos Humanos e Esporte: como o "Caso George Floyd" ajudou a transformar regras do jogo**, vertida da Dissertação de Mestrado apresentada e submetida à argüição pública no âmbito do curso de Mestrado do Programa de Estudos Pós-Graduados em Direito da Pontifícia Universidade Católica de São Paulo – Núcleo de Direito Desportivo, cujos trabalhos de pesquisa e elaboração da dissertação se desenvolveram sob minha orientação.

Aprovada com entusiasmo pela banca examinadora da PUC/SP, vem agora o autor dar a público sua relevante contribuição aos domínios teóricos do Direito Desportivo, consubstanciada em corajoso e inovador enfrentamento da sensível e histórica busca de "neutralidade esportiva", tema fortemente submetido à pressão que naturalmente resulta do confronto, na cena esportiva, de ocorrências aviltantes para os Direitos Humanos com os freios à livre manifestação do pensamento a que são impingidos atletas e demais submetidos à *Lex Sportiva*, circunstância por si avessa aos avanços da crescente conscientização e mobilização social em torno dos desafios tendentes à eliminação de todas as espécies de discriminação reinante no seio das relações sociais, destacadamente as relações travadas no contexto esportivo, dados atos e manifestações embalados sob domínio de emoções que, mais das vezes, se exacerbam no contexto de disputas.

A envergadura da pesquisa e densidade do texto estão a revelar o esforço intelectual do autor, bem como põe à mostra seu inconformismo com o tema da obra, haurido em longa carreira jornalística que o mesmo ostenta na mídia televisiva e também no portal Lei em Campo, canal dedicado ao Direito Desportivo que criou e mantém na Internet, espaços em que se pronuncia sua intensa militância em prol da erradicação do racismo em todos os quadrantes em que se travam relações sociais, especialmente as esportivas.

Despertado pela comoção e assombro advindos do episódio George Floyd, afrodescendente cruelmente morto pela polícia em Minneapolis – EUA - em 25 de maio de 2020, e durante os desdobramentos que se seguiram, Andrei Schmidt Kampff de Melo deitou observação acurada sobre os efeitos dessa tragédia causados na opinião pública e em particular no ambiente esportivo mundial, disso extraindo o tema central de sua produção científica ou publicada. Com efeito, tendo sido deflagrado verdadeiro levante global contra a morte de Floyd, consecutivas manifestações antirracistas foram registradas ao redor do mundo fazendo ecoar as palavras de ordem "Vidas negras importam", ocasião em que atletas não só se mobilizaram em solidariedade como também levaram para as praças de esportes palavras e gestos representativos da reprovação, traduzindo generalizada desobediência ao imperativo da neutralidade.

Emoldurados esses fatos, o autor, identificando espontânea evolução da cultura de neutralidade, envidou árdua tarefa em busca de resgatar registros históricos d3emarcados pela temática, cuidando de coletar dados, no dizer do autor, tendentes à flexibilização e até superação das limitações impostas à manifestação do pensamento na seara esportiva, mormente no que concerne a princípios e valores circundantes ao tema dos Direitos Humanos.

O texto se abre com breve introdução que busca referenciar o seu desenvolvimento a partir da regra 50 da Carta Olímpica, a qual proíbe manifestação políticas de atletas no pódio ou nas áreas de evento esportivo, convidando o leitor à observação da inconsistência da pseudo neutralidade esportiva frente as crescentes manifestações de atletas e seguidas punições malsucedidas do ponto de vista da sua pertin˜encia e legitimidade. Segue-se uma exposição da *Lex Sportiva* como um sistema transnacional dotado de autonomia, visando o escopo de se desvendar os caminhos jurídicos do movimento privado do esporte e sua cadeia associativa. Em seguida, discorre alentado cotejo entre a Liberdade e o Direito, sede em que revisita autores e doutrinas consagrados na elucidação dos mistérios que encobrem certezas sobre limites daquele bem como as responsabilidades adequadas que dela dessaem. No capítulo 4 o assunto se desborda em considerações acerca do direito e do poder, abordagem crucial para se perscrutar acerca da legitimidade do uso da força e da sua pertinência com fins éticos. Aproximando o tema da neutralidade esportiva, o capítulo 5 oferece rica exposição dos desafios enfrentados pelos organismos de controle e de administração do esporte no trato de questões relacionadas como a necessidade de estabilidade e ambiente apolítico como seu garantidor.

Objetivando desafiar prudente reavaliação dos limites à liberdade de manifestações nos espaços esportivos, o capítulo 6 reaproxima o esporte com os Direitos Humanos, cumprindo exercitar o raciocínio torno da sua íntima relação, elevando o entendimento para verdadeiro reconhecimento da dignidade inerente a todos os homens, do que dessai o fundamento da liberdade, sendo esta incompatível com o cerceamento a qualquer ação e/ou reação tendente à sua proteção.

Sempre permeado por situações e casos verificados em todo o mundo, desde os de longa memória até os mais recentes (destacadamente o caso George Floyd - Capítulo 9), capazes de fornecer elementos de sustentação das teses alcançadas, o autor desenvolve, nos capítulos finais, longa exposição de "irritações" ao ordenamento jurídico privado do esporte, fazendo desfilar casos emblemáticos e ilustrativos do que se pode entender anacronismo da pretensão de neutralidade, evidenciando assim o chamado *déficit* democrático na cadeia esportiva.

Será de alegrar a todos que a presente obra tenha cumprido o seu desiderato de proporcionar profunda reflexão e adensada crítica ao ordenamento jurídico privado do esporte, notadamente no que diz com já inaceitável cerceamento aos naturais pronunciamentos de profunda, veemente e, porque não dizer, incontida reprovação a toda e qualquer manifestação racista, seja no esporte ou fora dele, tudo assentado em robustos aportes teóricos e coerente sustentação na realidade atual.

Em linhas gerais, a contribuição desta obra pode ser conferida pela riqueza da explanação conceitual, extensa exposição de fatos sobre os quais se deitam elementos básicos e fundantes do direito, tudo sem se descurar do rigor metodológico e do compromisso didático.

Fadada ao sucesso editorial, a obra deverá ser consagrar em sucessivas edições, razão porque recomendo este livro, embalado pela certeza de que será tido como destacado estudo de Direito Desportivo na senda dos Direito Humanos.

**Cláudio Ganda**
Professor Credenciado Permanente do Programa de Estudos Pós-Graduados em Direito da Pontifícia Universidade Católica de São Paulo – PUC/SP

"A Liberdade de expressão é um patrimônio democrático e deve ser exercida com responsabilidade no curso da vida. No esporte não é diferente, o atleta tem o direito de se manifestar respeitando as formalidades legais e sem atingir direitos alheios".

Paulo Feuz, Doutor em Direito e membro do STJD do Futebol

# SUMÁRIO

1 INTRODUÇÃO .................... 21

2 LEX SPORTIVA .................... 25

    2.1 Cadeia Associativa ............... 28
    2.2 Autonomia esportiva .............. 31
    2.3 Transconstitucionalismo ............ 35
    2.4 Autorregulação ................. 39

3 A LIBERDADE E O DIREITO ............ 45

    3.1 A luta como instrumento de liberdade .... 48
    3.2 Liberdade de expressão ............ 51
        3.2.1 "Caso Carol Solberg" .......... 58
        3.2.2 "Caso Ellwanger" ............ 63

4 DIREITO, COERÇÃO E NEUTRALIDADE ...... 67

    4.1 A coerção de Schauer ............. 67
    4.2 A coerção para Hart, Kelsen, Kant e Ihering .. 69
    4.3 Pluralismo jurídico e Associações Esportivas . 72
        4.3.1 Pluralismo Jurídico ........... 72
        4.3.2 A coerção no movimento esportivo ... 75
    4.4 Neutralidade .................. 78
        4.4.1 COI e a neutralidade esportiva ..... 82
        4.4.2 FIFA e a neutralidade esportiva .... 85
    4.5 Esporte e manifestações políticas ...... 89

4.5.1 Olimpíadas . . . . . . . . . . . . . . . . . . . . . . 89
4.5.2 Futebol e política . . . . . . . . . . . . . . . . . . . . . 91
4.5.3 Caso Jesse Owens . . . . . . . . . . . . . . . . . . . 93
4.5.4 Panteras Negras. . . . . . . . . . . . . . . . . . . . . . 96
4.5.5 Mundial de Rúgbi. . . . . . . . . . . . . . . . . . . . 98

## 5 DIREITOS HUMANOS DO ESPORTE . . . . . . . . . . . . . . . . . . . . 103

5.1 Declaração Universal dos Direitos Humanos. . . . . . . . . . 103
    5.1.1 Dignidade da Pessoa Humana. . . . . . . . . . . . . . . . 107
5.2 Os Tratados Internacionais e os Direitos Humanos . . . . . . 109
5.3 A ONU e o papel do esporte na proteção de direitos
    humanos. . . . . . . . . . . . . . . . . . . . . . . . . . . . . 112
5.4 Direitos Humanos e o movimento privado do esporte . . . . 115
    5.4.1 FIFA, o relatório Ruggie e a nova política
    de Direitos Humanos . . . . . . . . . . . . . . . . . . . . 116
    5.4.2 Comitê Olímpico Internacional e direitos humanos . . . 119
5.5 Regras do Esporte e Direitos Humanos. . . . . . . . . . . . . 125

## 6 IRRITAÇÕES . . . . . . . . . . . . . . . . . . . . . . . . . 127

6.1 Irritações transconstitucionais e Direitos Humanos . . . . . 127
6.2 Casos que mudaram o esporte. . . . . . . . . . . . . . . . . 128
    6.2.1 Caso "Renée Richards" e um ace no tênis . . . . . . . . 128
    6.2.2 Osaka, Casey e a proteção à saúde . . . . . . . . . . . 130
    6.2.3 Hijab: entre a fé e o esporte. . . . . . . . . . . . . . . 134
    6.2.4 Um operário bengali que provocou mudanças
    no futebol. . . . . . . . . . . . . . . . . . . . . . . . . . . 137
    6.2.5 Jogos de Sochi, homofobia e mudança na Carta
    Olímpica . . . . . . . . . . . . . . . . . . . . . . . . . . 140
6.3 Diálogos e transformações. . . . . . . . . . . . . . . . . . . 143

## 7 O TAS, A CORTE EUROPEIA DE DIREITOS HUMANOS
## E O ESPORTE . . . . . . . . . . . . . . . . . . . . . . . . . . 147

7.1 Tribunal Arbitral do Esporte. . . . . . . . . . . . . . . . . . 148
    7.1.1 O Caso do cavaleiro que mudou o rumo do TAS . . . . . 149

7.1.2 A importância do TAS . . . . . . . . . . . . . . . . . 151
7.1.3 O TAS e a proteção de Direitos Humanos
  no movimento privado do esporte . . . . . . . . . . . 153
7.1.4 Um olhar diferente do Tribunal . . . . . . . . . . . . 157
7.1.4.1 A derrota de um jogador e de uma patinadora
  que foi comemorada pelo movimento esportivo. . . . . 162
7.1.4.2 Messi, um dirigente palestino e a Fifa . . . . . . . . . 166
7.2 A jurisprudência e a legitimidade do TAS . . . . . . . . . . . 169

## 8 O "CASO GEORGE FLOYD" . . . . . . . . . . . . . . . . . . . . . 173

8.1 A morte de George Floyd para o esporte . . . . . . . . . . . 173
8.2 As consequências no futebol . . . . . . . . . . . . . . . . . 174
8.3 Os impactos no COI. . . . . . . . . . . . . . . . . . . . . . 177
8.4 Cenário esportivo estadunidenses: NFL, NASCAR e NBA . . 183
8.5 Uma derrota do déficit democrático na cadeia esportiva . . . 187

## 9 APRENDIZADOS . . . . . . . . . . . . . . . . . . . . . . . . . . 191

9.1 FIFA . . . . . . . . . . . . . . . . . . . . . . . . . . . . . . 191
9.2 Os aprendizados no COI . . . . . . . . . . . . . . . . . . . . 198
9.3 A força dos atletas nas ligas estadunidenses . . . . . . . . . 206
9.4 Desafios . . . . . . . . . . . . . . . . . . . . . . . . . . . . 211

## 10 CONCLUSÃO . . . . . . . . . . . . . . . . . . . . . . . . . . . . 217

## REFERÊNCIAS. . . . . . . . . . . . . . . . . . . . . . . . . . . . . 221

# 1 INTRODUÇÃO

O esporte busca permanentemente a neutralidade. Por sua natureza agregadora, ele tenta se distanciar dos problemas do mundo com o desafio de criar um ambiente neutro no qual a única preocupação seja a competição. Com essa ideia, ele tipifica regras internas. Algumas delas limitam as manifestações dos atletas, negando direitos fundamentais, como a liberdade de expressão.

Como exemplo, temos a Regra 50[1] da Carta Olímpica, uma espécie de "Constituição" do movimento olímpico, que se tornou foco de grandes discussões no esporte às vésperas dos jogos de Tóquio 2021. A regra proíbe "manifestações políticas" de atletas no pódio e nas áreas de evento. A Federação Internacional de Futebol (FIFA) e as federações nacionais de futebol também têm regras que proíbem "manifestações políticas" nos eventos esportivos.

Historicamente, essas regras geraram questionamentos e protestos individuais de atletas, o que acarretou em punições. Um caso que repercutiu mundialmente foi o dos atletas norte-americanos que levantaram o punho no pódio num gesto antirracista nas Olimpíadas de 1968, no México. Thommy Smith e John Carlos, com base em regulamentos internos e nas sanções previstas, foram expulsos da delegação olímpica e banidos do esporte pelo Comitê Olímpico Internacional (COI).

Muitos outros foram punidos no futebol, no futebol americano e em outros esportes, com base em regulamentos internos, por levantarem a bandeira dos Direitos Humanos, ato que deveria ser

---

[1] Em https://www.fadu.pt/files/protocolos-contratos/PNED_publica_CartaOlimpica.pdf, última consulta em 24 de agosto de 2022.

protegido, inclusive, pela Carta Olímpica, que prevê nos princípios 2 e 4 o combate ao preconceito, a proteção da igualdade e da dignidade humana[2].

Ou seja, para garantir a neutralidade desejada, o esporte se utiliza de mecanismos coercitivos apresentados nos regulamentos internos. Esses funcionam também como freios para participação política de atletas até mesmo no que diz respeito à proteção de Direitos Humanos.

Através da força coercitiva, o esporte vinha encontrando uma aparente calmaria, com poucos atletas dispostos a se manifestar em defesa de Direitos Humanos, evitando o risco de enfrentar uma provável sanção.

Isso se deu até 25 de maio de 2020, data da morte de George Floyd, um negro assassinado por um policial branco nos EUA. As imagens correram o planeta e rapidamente uma grande onda de protestos tomou conta do mundo. E, claro, chegou no esporte[3].

De maneira espontânea, vários atletas esqueceram os regulamentos internos, a força coercitiva do Direito e começaram a se manifestar contra o racismo e pela igualdade, na contramão do interesse do movimento esportivo. Pela proporção que a mobilização ganhou, com o reforço da opinião pública e de patrocinadores, o esporte teve que ceder.

Houve a quebra de um paradigma. O histórico déficit de participação dos atletas nas discussões sobre o esporte foi vencido. O esporte passou a viver a experiência dessa ruptura com um passado de silêncio e punições.

Com pressão interna e externa, a força coercitiva dos regulamentos não foi mais capaz de manter o esporte em "território neutro" e ele cedeu. A irritação provocou aprendizados no movimento autônomo do esporte, com atletas reforçando que Direitos Humanos são um autolimite do próprio movimento esportivo.

---

[2] Em https://www.fadu.pt/files/protocolos-contratos/PNED_publica_CartaOlimpica.pdf, última consulta em 24 de agosto de 2022.
[3] Em https://ge.globo.com/basquete/nba/noticia/veja-atletas-que-foram-as-ruas-nos-eua-em-protesto-a-morte-de-george-floyd.ghtml

## 1 INTRODUÇÃO

O presente livro pretende mostrar como atletas, de maneira organizada e espontânea, podem participar da construção dos regramentos privados do esporte. A partir daí, reforçarem compromissos do esporte com a proteção de Direitos Humanos.

# 2 LEX SPORTIVA

Para entender o movimento privado do esporte, sua cadeia associativa, seus caminhos jurídicos e a possibilidade de construção democrática dentro dessa comunidade, conceituar a *lex sportiva* passa a ser necessário. É preciso partir do princípio de que essa *lex sportiva* é elemento normativo de um sistema transnacional, não estatal e desterritorializado, ou seja, privado e sem limitações geográficas.

Diversos estudiosos da ciência jusdesportiva se debruçaram sobre conceitos desse sistema. Mathieu Maisonneuve a define como um:

> Conjunto coerente de regras esportivas transnacionais formado pelas regras das federações esportivas internacionais, pelas regras do Comitê Olímpico Internacional e pelos princípios gerais do Direito revelados ou concebidos por meio das sentenças do TAS (Tribunal Arbitral do Esporte). (Maisonneuve, 2011, p. 540).

Já Franck Latty é mais direto ao asseverar ser a *lex sportiva* o "direito transnacional do esporte", de modo a consistir em "fenômeno análogo ao identificado pelos teóricos da *lex mercatória* no campo de comércio internacional"[4]. Escreve ele:

> Tendo em conta as constatações já realizadas pela doutrina, a lex sportiva se manifesta nos estatutos das federações internacionais e nos regramentos que adotam. As regras do Comitê

---

[4] Latty, Franck et al. La lex sportiva: recherche sur le droit transnational, Leiden, 2007, p. 9.

Olímpico Internacional igualmente participam do fenômeno. Prima facie (sic) , todas essas normas estão em vigor a partir de poderes privados e se aplicam sem submissão às soberanias estatais. Também se enquadram na lex sportiva as normas emanadas da justiça privada internacional, e, particularmente, os princípios jurídicos estabelecidos pelo Tribunal Arbitral do Esporte. (...) Isso levanta, necessariamente, a questão da existência de uma lógica comum a todas as manifestações do direito transnacional esportivo. Seriam fenômenos jurídicos esparsos, herméticos uns para os outros, ou seria detectável unidade por trás desta lex sportiva proteiforme? A lex sportiva se encontra como tal no coração do debate acerca da existência de uma 'ordem jurídica esportiva', singular ou plural, provavelmente para alimentar ou mesmo renovar então uma 'ordem jurídica do esporte' que se faz unitária apenas no nível mundial. (Tradução livre) (LATTY, 2007 p. 41).

Mark James define o Direito Desportivo transnacional como:

A ordem jurídica transnacional a partir da qual se concebe o corpo normativo e a jurisprudência afeitos às federações esportivas internacionais; isto inclui, em particular, a jurisprudência do Tribunal Arbitral do Esporte e as normas jurídico-desportivas criadas e harmonizadas pelo mesmo. (JAMES, 2021, p. 107).

Nesse sentido, escreve Rafael Fachada na obra *Direito Desportivo, uma disciplina autônoma*, que "a *lex sportiva* deve ser entendida como o arcabouço jurídico-normativo transconstitucional, oriundo dos atores do universo desportivo, com a finalidade de organizar, disciplinar e trazer segurança jurídica para a prática desportiva formal".

Analisando os conceitos apresentados, o autor Jean Nicolau traz na obra *Direito Internacional Privado do Esporte*:

Ao aplicar os elementos acima aludidos ao caso em análise, observa-se que a ordem esportiva internacional é (i) um conjunto estruturado de normas imperativas capazes de responder as questões decorrentes da matéria por ela regida (denominado lex sportiva);

(ii) capaz de conceber suas fontes (por meio do Comitê Olímpico Internacional e das federações internacionais), (iii) dotada de sujeitos e de órgãos suscetíveis de assegurar a posta em prática das normas por ela emanadas (é o caso, notadamente, da Agência Mundial Antidopagem e do Tribunal Arbitral do Esporte, a serem tratados posteriormente); e (iv) apto a satisfazer a uma condição mínima de efetividade (sequer os detratores da ordem esportiva internacional encontrariam argumentos para negar sua efetividade, a qual é respaldada, conforme será demonstrado adiante, pelo desenvolvimento de um sofisticado sistema de coerção fundado na imposição de sanções esportivas por órgãos judicantes especializados e inter-relacionados). (NICOLAU, 2017, p. 39).

O termo *lex sportiva* foi utilizado pela primeira vez no Tribunal Arbitral do Esporte (TAS) em 2008, no julgamento do caso *Andrea Andreson et al. Vs. COI*. O caso analisava a possibilidade de punir a equipe feminina de atletismo estadunidense do revezamento 4 x 100 nos Jogos de Sidney 2000. Uma das atletas foi pega no exame *antidoping*. Os julgadores entenderam ser possível aplicar à equipe uma punição com base em *"principle of lex sportiva"*[5].

No livro *Mediação e Arbitragem Aplicadas ao Desporto*, André Augusto Monção escreve que "a *lex sportiva*, inquestionavelmente, produz efeitos internacionais, na medida que não está limitada a uma ordem legal de um único Estado. Ela é, por natureza, estranha à lei dos países[6]".

Para Hans Kelsen, ordem jurídica pode ser entendida como uma pluralidade de normas gerais e individuais (inclusive o contrato) que possuem o mesmo fundamento de validade, governam

---

[5] TAS Sentença nº 2008/A/1545, 14 de julho de 2010, Anderson et al.vs. COI. Disponível em https://jurisprudence.tas-cas.org/Shared%20documents/1545-PA.pdf. Última consulta em 28 de agosto de 2022.
[6] Monção, 2022, p. 161.

o comportamento humano e prescrevem, em outros termos, a forma como se deve comportar[7].

Depois da análise de diferentes estudiosos, podemos entender a *lex sportiva* como elemento de uma ordem jurídica transnacional, privada, alimentada pela cultura esportiva, regulamentos e decisões do Tribunal Arbitral do Esporte (TAS), que ganha validade na eficácia dos contratos estabelecidos pelas partes, tendo como cerne a pretensão de afirmação e autonomia do sistema e segurança jurídica entre as partes.

Desse entendimento de *lex sportiva*, chegamos à organização do esporte, um sistema alicerçado em uma cadeia esportiva. Tal regime associativo permite ao movimento esportivo se organizar globalmente, mas que depende fundamentalmente de um sentimento coletivo de pertencimento dos membros que dele fazem parte.

## 2.1 CADEIA ASSOCIATIVA

A partir dos conceitos sobre *lex sportiva*, fica mais fácil de entender o encadeamento hierárquico entre organizações que representam os esportes em determinado Estado nacional com as instituições transnacionais, sem maiores limitações de cunho estatal.

Essa autonomia do movimento esportivo se explica também pela universalidade do jogo. Seria impossível, dentro dos princípios que alicerçam o Direito Desportivo, um Campeonato Brasileiro em que o VAR é permitido nos estados brasileiros de São Paulo e Rio Grande do Sul, mas proibido nos estados do Rio de Janeiro e na Bahia. Ou, como seria possível um campeonato de vôlei em que uma pessoa transgênero pode jogar na França e nos Estados Unidos, mas não pode no Brasil e no Irã?

---

[7] Kelsen, Hans. «The concept of legalorder», American Journal of Jurisprudence (1982) 27 (1), p. 64.

Nesses casos, como ficaria um dos princípios mais caros ao esporte, o da paridade de armas, que protege o equilíbrio entre os competidores? Estaria dessa forma preservada a garantia universal de proteção de Direitos Humanos?

Para isso, temos a pirâmide associativa do esporte. Clubes são filiados a federações, que são ligados a confederações, que seguem (todas) as determinações do Comitê Olímpico Internacional (no caso do futebol, as da FIFA).

E por que precisa ser assim? João Lyra Filho ensina que:

> O direito desportivo é regulado, pois, na conformidade de princípios institucionais codificados. A disciplina desportiva entende-se à feição de uma pirâmide nascida na soma dos indivíduos e projetada ao ápice de um comando universal exclusivo. Eis o que faz ver a extensão e profundidade do direito, cuja realização impõe a criação de processos específicos que preservam a substância da organização e a eficiência do funcionamento. (LYRA FILHO, 1952, p. 104).

Ou seja, o esporte se organiza dentro de regras internas e princípios normativos. Regras e princípios que são inerentes ao esporte. Assim, de maneira autônoma, existe uma associação voluntária a esse movimento, que no Direito Esportivo é conhecida como *Ein-Platz Prinzip*. Wladimyr Camargos assim explica esse conceito:

> [...] o encadeamento voluntário, orgânico e formal de filiações desde o atleta até o Comitê Olímpico Internacional (COI), para a consecução de um monopólio vertical de representações esportivas por modalidade e por todo o esporte (COI e Comitê Paralímpico Internacional). (CAMARGOS, 2017, p. 107).

Estando dentro dessa "cadeia associativa", todos precisam cumprir as mesmas regras, desde que respeitados os direitos previstos no ordenamento jurídico e os regulamentos internos dessa comunidade. Ou seja, ao entrar no movimento esportivo o atleta concorda com uma espécie de "contrato de adesão".

De acordo com o autor Vinícius Calixto, no livro *Lex Sportiva e Direitos Humanos*, a eficácia e a segurança jurídica desse sistema transnacional do esporte se alicerçam em cima dessa livre associação. O autor lembra o sociólogo alemão Gunther Teubner quando escreve:

> [...] o desafio de desvincular a legitimação do papel do Estado passa pela responsabilidade fundamental conferida nos contratos. Teubner fundamenta a validade de um direito global sem um Estado a partir do paradoxo da auto referencialidade contratual. (CALIXTO, 2018, p. 45).

Da reflexão apresentada por Teubner pode-se lembrar de Thomas Hobbes e o "contratualismo", que entende que um contrato se legitima através do consentimento das partes. O Estado, para o pensador, se organizaria assim. Numa analogia, o esporte também se sustenta nesse "contrato" aceito por aqueles que livremente decidem entrar nessa cadeia associativa, com regras internas e transnacionais.

Dessa forma, é como se o esporte se unisse dentro de uma "comunidade de princípios". É possível trazer agora um pensamento mais recente, de Ronald Dworkin. O filósofo e jurista estadunidense entende o Direito como uma comunidade de princípios em que a liberdade teria papel central. Para o pensador, os membros dessa comunidade se reconhecem reciprocamente como livres e iguais. Ali, existe um respeito às diferenças, que não pode ser confundido com altruísmo ou dever moral. Esse respeito nasce de um sentimento de pertencimento, fruto das obrigações que são estabelecidas dentro dessa comunidade de maneira coletiva e respeitando esses princípios.

Portanto, o Direito seria um sistema aberto de princípios e regras. Para Dworkin, a ideia positivista de que uma regra geral e abstrata poderia solucionar os problemas do Direito não responde aos problemas concretos apresentados.

Apenas numa comunidade de princípios as normas estabelecidas podem ganhar conteúdo universal e serem vistas como condição de possibilidade para a liberdade e a igualdade, para além de limites convencionais, e passam a requerer a integridade na compreensão de seus princípios. (DWORKIN, 1999, p. 252).

Essa "comunidade de princípios" do esporte tem como mecanismo interno de proteção regras rígidas de elegibilidade. Várias normas e regulamentos internos das entidades esportivas proíbem qualquer atividade de atletas e clubes fora dessa associação, sob pena de multa, suspensão ou mesmo banimento do esporte para quem não as respeitar.

Ou seja, a cadeia associativa se autoprotege utilizando-se da força coercitiva como instrumento de pressão e de sua autonomia.

## 2.2 AUTONOMIA ESPORTIVA

A imensa maioria não sabe ou sequer ouviu falar sobre essas duas palavras que, juntas, representam algo decisivo para o esporte. A *autonomia esportiva* está ligada a diversas discussões que o envolvem, como gestão, regras de participação, corrupção privada e competência jurídica.

Autonomia é palavra de origem grega e que tem suma importância para diversas áreas do conhecimento humano. A ela, segundo o dicionário, podem ser atribuídos três significados distintos. De todos eles, é importante destacar um, fundamental para a análise do tema aqui proposto: "faculdade de se governar por si mesmo"[8].

Neste início de reflexão que a obra propõe, é importante entender que a autonomia esportiva nasce da ideia de um sistema jurídico transnacional, que independe das relações entre Estados

---

[8] Em https://michaelis.uol.com.br/busca?id=EMnj, última consulta em 10 de maio de 2022.

Nacionais. Wladimyr Camargos, autor do livro *Constituição e Esporte no Brasil*, escreveu:

> Que o caráter auto normativo ou self-executing do esporte dispensava — ao menos ultima ratio — a atuação estatal e, ademais, que esta última não era a única peculiaridade do direito esportivo universal. O esporte se autarquiza na forma de um conjunto de organizações técnicas, técnicas e jurisdições, o que ultrapassa o simples produzir normas. (CAMARGOS, 2017, p. 67).

A chamada autonomia esportiva se constitui como base da *lex sportiva*, se tornando alicerce indispensável para a consolidação desse sistema jurídico autônomo e transnacional. Segundo o advogado Pedro Henrique de Mendonça, a Constituição Federal de 1988 tirou de maneira inequívoca o poder que o Estado vinha tendo para tutelar o esporte no Brasil:

> A Constituição Federal de 1988 representou, portanto, importante ruptura com o sistema desportivo vigente nas décadas que a precederam, especialmente no que tange à relação entre Estado e organização das entidades desportivas. Se até então o CND retratava fielmente a postura estatal de máxima intervenção na organização do desporto, a partir dos novos preceitos constitucionais restava inevitável a necessidade de reformulação desse cenário, o que requeria a edição de uma nova lei concernente ao desporto. (MENDONÇA, 2015, p. 14).

O advogado Rafael Fachada, em artigo publicado na Revista Brasileira de Direito Desportivo, escreve:

> Importante que se destaque que não há que se confundir autonomia com independência. Estando dentro de um mesmo sistema, todas as disciplinas do Direito necessitam, em algum grau, de uma interdependência, ou seja, a fim de criar um diálogo harmônico, estas disciplinas desenvolvem diversas interligações capazes de gerar uma troca constante de informações. (FACHADA, 2017, p. 89).

Essa liberdade para construir o esporte tem sido tratada e discutida há muito tempo no Brasil — desde quando Getúlio Vargas, sob a orientação de João Lyra Filho, responsável por duas das três leis editadas entre 1941 e 1945, passou a entender que o Estado precisava dar uma atenção legal ao esporte. Lyra Filho, o primeiro pensador do Direito desportivo brasileiro, teve influência capital na primeira legislação esportiva do país.

Com o Estado Novo levantando a bandeira do nacionalismo e com a concentração de poder nas mãos do executivo, fica fácil entender porque nosso esporte já nasceu tutelado. Vargas não abriria mão desse controle. Em 1975, a Lei 6.251, no art. 25, da época da ditadura militar, já garantia autonomia ao Comitê Olímpico Brasileiro, o COB. Mas a Constituição Federal de 1988 foi além.

Como o Brasil tinha recém-saído de um regime autoritário, a Carta de 1988, de cunho liberal, trouxe repercussão também para o esporte. Os constituintes colocaram no nosso principal ordenamento, no art. 217, o princípio da autonomia a todas as entidades esportivas.

A Constituição dá a prerrogativa jurídica para as entidades organizarem suas regras, seus campeonatos e funcionamento, sempre estando essas regras sujeitas às normas gerais fundadas na legislação do Estado e entendendo esporte como um direito de todos, um direito fundamental.

Escreveu Wladimyr Camargos que:

> A inserção do esporte no texto constitucional segue, assim, esta trajetória de rompimento com o passado autoritário, como deveria ser a tônica do Constituinte para os assuntos em geral, e, ao mesmo tempo, a garantia da esfera pública transnacional esportiva já em funcionamento há mais de oitenta anos. Tudo isso imantado pelo entendimento de se tratar o esporte um direito de todos, um direito fundamental. (CAMARGOS, 2017, p. 106).

Acreditamos que não se deva entender que essa disposição constitucional implica em uma perda de soberania quanto às questões legais do esporte. Pelo contrário. Foi o Estado, por meio da Carta Magna, que deu essa prerrogativa, reforçando uma autonomia necessária ao movimento esportivo, mas que jamais pode ser confundida com independência, conforme destacado anteriormente.

Mesmo décadas antes da promulgação da Constituição Brasileira de 1988, o estudioso João Lyra Filho já defendia que o esporte, pela linguagem própria e universal que cria uma ciência própria do Direito Desportivo, necessitava de um distanciamento do poder do Estado. Pela origem popular e transnacional, a autonomia se fazia indispensável, inclusive defendendo uma justiça especial para tratar de assuntos relativos ao jogo:

> As instituições desportivas que emolduram realidades e corporificam a existência de um direito que resulta de uma cadeia de fatos sociais. Em face desse direito, os profissionais da justiça terão que descer ao submundo dos costumes populares e da convivência do povo, de cuja capacidade criadora o direito desportivo é um dos mais belos exemplos... Será demasia realçar a importância da regulamentação privada do desporto ou a utilidade do trabalho social dos que a têm estabelecido... Todos percebemos a simultânea necessidade das instituições desportivas especialmente instruídas e revestidas de autoridade para fiscalizar as atividades do desporto, garantir o cumprimento das regras a que se condicionam e reprimir as faltas que tentam desmerecê-las deturpá-las. (LYRA FILHO, 1952, p. 98).

Ou seja, a especificidade e a natureza de um esporte universal justificariam para o estudioso uma justiça especial. O mesmo entendimento que teve o legislador da CF de 1988. O Brasil no texto constitucional reforça uma autonomia reconhecida globalmente, fruto também de um sistema que é transnacional.

Em seu livro Constituição e Esporte no Brasil, Wladimyr Camargos (2017) após apresentar vários conceitos e reflexões a respeito da autonomia esportiva escreve que "o conceito de autonomia é indivisível. Tanto em sua dimensão material, ou seja, seu alcance, como em razão dos seus destinatários, ou sujeitos dessa autonomia. O princípio da autonomia é uno"[9].

## 2.3 TRANSCONSTITUCIONALISMO

O esporte chega a vários cantos do mundo. Dessa natureza que não respeita limites geográficos floresce um fenômeno semelhante ao que os teóricos identificaram na *lex mercatória* no campo do comércio internacional, qual seja, a existência de ordenamentos jurídicos privados e autônomos em relação ao Estado, um pluralismo jurídico que caracteriza a pós-modernidade global.

A globalização tem como uma das características tirar os Estados do centro do poder, que passa a estar disperso em uma sociedade fragmentada. A partir disso, dessa transnacionalidade catalisada pelo fenômeno da globalização, é preciso entender como o transconstitucionalismo se apresenta de maneira definitiva no ambiente esportivo.

Em sua obra *Transconstitucionalismo,* Marcelo Neves (2009) explica que, apesar de ter origem no Estado, o Direito Constitucional mostra que cada vez mais se emancipa dele, "tendo em vista que outras ordens jurídicas estão envolvidas diretamente na solução dos problemas constitucionais básicos, prevalecendo, em muitos casos, contra a orientação das respectivas ordens estatais". Ou seja, entendendo o nascimento da sociedade moderna enquanto sociedade mundial, o que implica a desvinculação da formação social das organizações políticas territoriais e, consequentemente, a transposição das fronteiras territoriais.

Essa reflexão traz à tona que, para o estudo das fontes do Direito, é preciso voltar-se, também, para a produção normativa por grupos sociais particulares, segmentos da sociedade que, de forma crescente, competem com o poder do Estado-nação. Nessa concepção, o Direito não se reduz a um conjunto de normas emanadas pelo Estado.

---

[9] Camargos, 2017, p. 126.

Em artigo intitulado *What is Transnational Law,* Roger Cotterrell (2012) ensina que o Direito Transnacional é conceitualmente diferente do nacional e do internacional, "porque suas principais fontes e endereços não são agências estatais nem instituições internacionais fundadas em tratados ou convenções, mas atores privados (individuais, corporativos ou coletivos) envolvidos em relações transnacionais" (tradução livre).

Dentro desse fenômeno caracterizado pelo encontro de diferentes ordens jurídicas, o Direito Desportivo traz exemplos claros de multiplicidade de fontes normativas, em que normas de origem estatal e de origem privada se relacionam, nem sempre em harmonia, mas demonstrando esse pluralismo intrínseco a essa disciplina (COTTERRELL, 2012).

André Augusto Duarte Monção entende que:

> [...] o Direito do desporto é um dos grandes pilares da duplicidade de fontes de produção das normas, uma vez que, dentro do mesmo sistema, há a coexistência de normas de origem pública de produção estatal – fenômeno que é conhecido por "heterorregulação" ou seja, quando as regras editadas por alguém diverso dos agentes regulados – e normas de origem privada, emanadas de órgãos particulares, especialmente pelo COI e pelas Federações Esportivas Internacionais (FI's, demonstrando haver aí um pluralismo intrínseco, embora nem sempre essas normas convivam em perfeita harmonia. (MONÇÃO, 2022, p. 150).

De um lado se tem as leis estabelecidas pelos Estados-nação e os tratados internacionais; de outro, as normas transnacionais das federações esportivas internacionais. Essa normatividade transversal não hierarquiza um direito sobre o outro, mas provoca diálogos.

Escreve Álvaro de Melo Filho:

> Em suma, é a própria lei brasileira sobre desporto que impõe a obediência e acatamento às normas internacionais, o que implica no reconhecimento da autonomia desportiva dos entes internacionais, sem malferir ou derruir a soberania nacional."(MELO FILHO, 2002, p. 70).

## 2 LEX SPORTIVA

Como dito anteriormente e ilustrado em exemplos a seguir essa autonomia não pode ser entendida como independência. Ensina Marcelo Neves, no livro *Transconstitucionalismo*, que o importante é identificar "que os problemas constitucionais surgem em diversas ordens jurídicas, exigindo soluções fundadas no entrelaçamento entre elas" (NEVES, 2009).

Mesmo entendendo que as entidades esportivas têm uma localidade, seja onde se instala sua sede ou onde se realizam suas competições, suas decisões ultrapassam esses lugares, dada a existência de outros órgãos e atletas a elas vinculados espalhados pelo mundo. Esses, dentro da analisada cadeia associativa, sujeitam-se às suas decisões, mesmo em territórios diferentes de onde se tomam decisões vinculantes.

Embora existam países que veem no esporte valores merecedores de seu controle, as regras transnacionais do Direito Desportivo se sobrepõem, quase na integralidade, ao controle estatal quando estão envolvidas medidas disciplinares que visam o bom desenvolvimento da competição internacional. Agora, tais medidas podem tocar em questões como nacionalidade, contratos trabalhistas, saúde e Direitos Humanos, além de questões econômicas, como a comercialização do esporte (Latty, 2007: 423-24). Esses contatos remetem a questões constitucionais. E o diálogo se faz necessário.

Como ensina Jean Pierre Karaquillo, dessa natureza se entende o Direito Desportivo como o "pluralismo de ordens jurídicas, privadas e públicas: tal ramo do Direito erige-se, com efeito, nem exclusivamente sobre uma sistemática privada, nem unicamente sobre um 'sistema estatal', mas sobre uma variedade de dados de origens distintas". (KARAQUILLO, Jean-Pierre. Le droit du sport, Paris: Dalloz, 2011, p. 3.)

Dentro dessa realidade, o Direito Constitucional afasta-se de sua base originária, que sempre foi o Estado, para se dedicar às **questões transconstitucionais**, aquelas, como dito por Neves, que perpassam os diversos tipos de ordens jurídicas e podem envolver tribunais estatais e internacionais na busca de sua solução.

De maneira resumida, Marcelo Neves, em entrevista ao Conjur, explica seu entendimento:

> Em poucas palavras, o transconstitucionalismo é o entrelaçamento de ordens jurídicas diversas, tanto estatais como transnacionais, internacionais e supranacionais, em torno dos mesmos problemas de natureza constitucional. Ou seja, problemas de direitos fundamentais e limitação de poder que são discutidos ao mesmo tempo por tribunais de ordens diversas. Por exemplo, o comércio de pneus usados, que envolve questões ambientais e de liberdade econômica. Essas questões são discutidas ao mesmo tempo pela Organização Mundial do Comércio, pelo Mercosul e pelo Supremo Tribunal Federal no Brasil. O fato de a mesma questão de natureza constitucional ser enfrentada concomitantemente por diversas ordens leva ao que eu chamei de transconstitucionalismo. (NEVES, 2009, n.p.).

Na obra *Lex Sportiva e Direitos Humanos Elementos Transconstitucionais e Aprendizados Recíprocos*, Vinícius Calixto destaca que o modelo transconstitucional nem sempre é aceito por todas as ordens jurídicas, evidenciando limites do transconstitucionalismo que encontram restrições no âmbito da sociedade mundial. Mas o autor destaca que:

> [...] ainda que se deva considerar o direito constitucional clássico do Estado, o Direito Transconstitucional parece ser caminho fértil para uma abordagem que leve em conta conflitos constitucionais, especialmente de direitos humanos, que perpassam simultaneamente ordens diversas, requerendo um modelo que permita uma abertura na direção de soluções que, ao levarem em conta aprendizados recíprocos, possibilitem convívios construtivos. (CALIXTO, 2017, p. 111)

Muito embora a autonomia seja princípio inafastável do movimento privado, foram vários os momentos em que foi possível perceber que esse "equilíbrio constitucional é posto à prova, diante de comportamento hipertrófico tanto da ordem esportiva quanto de outras ordens, expondo assim constantes conflitos transconstitucionais", como escreveu Calixto (2017, p. 111). Ou seja, nasce o conflito entre ordens distintas, que provoca diálogos nem sempre tranquilos, que implica em irritações, que gera aprendizado.

Neste estudo iremos avançar nesses encontros entre a *lex sportiva e a lex publica*, em diálogos nem sempre tranquilos. Em especial, em encontros em que os regulamentos internos do esporte também funcionam como freios à proteção de Direitos Humanos. Mas, para avançar nessas reflexões, é preciso entender como a autorregulação se apresenta no ambiente esportivo.

## 2.4 AUTORREGULAÇÃO

Diante desse cenário de um movimento privado autônomo, que supera fronteiras e se reúne em uma cadeia associativa transnacional, a *lex sportiva* precisa de uma organização interna própria. A autorregulação é o alicerce de estabilidade desse sistema.

Para avançar na compreensão da autorregulação e seu propósito para o esporte, é bom trazer algumas definições sobre o próprio conceito de regulação. De acordo com Sérgio Guerra:

> Regulação, em acepção bastante abrangente, traduz uma forma de condicionar-se ou restringir-se o comportamento de agentes econômicos ou sociais, por meio de coerções ou induções, com o intuito de alcançarem-se determinados fins pré-estabelecidos, os quais costumam se relacionar a uma busca pelo equilíbrio sistêmico do setor regulado. (GUERRA, 2015, p. 75).

Já o escritor Vital Moreira afirma que:

> A figura da autorregulação, que pode ser compreendida, de forma singela, como um sistema privado de conformação jurídica de comportamentos e condutas de atores e atividades de relevo público, que funcionam em paralelo ou em complemento ao modelo clássico de regulação estatal. (MOREIRA, 1997, p. 31).

Com os conceitos já trabalhados, pode-se avançar nos ensinamentos do pensador alemão Niklas Luhmann para entender a importância da autorregulação no esporte. Luhmann acredita que a sociedade moderna é marcada por um alto grau de complexidade, provocada diretamente pela força dos poderes transnacionais e pelo desaparecimento dos limites regionais. O autor escreve que esses movimentos funcionais como religião e economia — e aqui traçamos paralelo também com o esporte — ao se organizarem autonomamente rompem com limitações territoriais e demandam um redimensionamento da sociedade:

> Dessa forma todo o sistema parcial estabiliza não só limites intrassociais frente a outros sistemas parciais, mas exige um outro dimensionamento da sociedade, ampliando seus limites a partir da perspectiva abstrata de sua função específica e da lógica própria de sua autopreservação e do seu desenvolvimento autônomo. As tendências de desenvolvimento nessa direção já se delinearam nas antigas culturas avançadas, levando a diferentes definições nas esferas religiosa e política. Na sociedade moderna essas divergências em torno dos limites dos interesses de seus sistemas parciais é o normal; em outras palavras, é meramente casual se sistemas parciais postularem os mesmos limites externos da sociedade. (LUHMANN, 2007, p. 12).

O sociólogo defende ainda que a sociedade não é uma simples soma das consciências individuais ou das ações humanas e não muda seu peso por cada um que nasça ou por cada um que morra. Para Luhmann, a sociedade se torna sociedade "através do consenso dos seres humanos, da concordância de suas opiniões e da complementaridade de seus objetivos" (2007, p. 12).

Aqui, também poderíamos lembrar do conceito da autorreferencialidade de Teubner (1993, p. 53), que diz que ela "constitui um sistema autopoiético de segundo grau, autonomizando-se em face da sociedade, enquanto sistema autopoiético de primeiro grau, graças à constituição autorreferencial dos seus próprios componentes sistêmicos e à articulação destes num hiperciclo".

Sendo assim, toda operação é uma operação dentro do sistema. Dito em outras palavras, não haverá referência externa sem autorreferência. Uma construção em círculo, se alimentando do próprio sistema e alimentando o mesmo, uma "autopoiese". Em sua descrição da sociedade, Luhmann esclarece:

> Os sistemas autopoiéticos são aqueles que por si mesmos produzem não só suas estruturas, mas também os elementos dos que estão constituídos – no interior destes mesmos elementos. Os elementos sobre os que se alcançam os sistemas autopoiéticos (que vistos sob a perspectiva do tempo não são mais que operações) não têm existência independente (...). Os elementos são informações, são diferenças que no sistema fazem uma diferença. Neste sentido são unidades de uso para produzir novas unidades de uso – para o qual não existe nenhuma correspondência no entorno. (LUHMANN, 2007, p. 4).

Dentro da ideia de Luhmann, essa organização se faz com os sistemas sociais como objetos gerais, que através de sistemas de comunicação eficazes ganham a aprovação da comunidade. Segundo Jean Clam, Leonel Severo Rocha e Germano Schwartz (2013, p. 105), na obra *Introdução à Teoria do Sistema Autopoiético do Direito*, a legitimidade ganha força:

> Também as tentativas (de um Habermas) de uma requalificação moral da validade jurídica como único meio de legitimar a política, que alimenta a criação normativa, são condenadas a se destruírem em face da incindibilidade desse princípio. No Direito Autopoiético, a recursividade operativa toma o lugar da legitimidade – uma legitimidade a qual o conceito "não pode mais ser hoje, o que era antigamente, um conceito jurídico.

Luhmann (2011) compreende os sistemas como fechados operacionalmente, de modo que não haveria comunicação entre sistema e ambiente. Este último seria capaz, apenas, de "irritar" o sistema, forçando-o a interpretar o elemento comunicativo externo a partir de sua própria linguagem.

Dentro desse caminho importante para a construção democrática da cadeia associativa do Direito, ao contrário do modelo hierárquico unilateral "poder → direito" e "soberano → súdito", que traz imobilidade e inflexibilidade, o esquema circular "poder ↔ cidadania" importa na ampliação de possibilidades através de controles e limitações mútuas, ou seja, aumento de complexidade mediante redução de complexidade.

Na obra *Entre Têmis e Leviatã*, Marcelo Neves (2012) traz reflexão sobre uma realidade que também se faz presente no ambiente esportivo, o choque de ordenamentos constitucionais. Para ele[10], a circularidade típica do Estado de Direito significa sobretudo uma acentuada interpenetração entre os sistemas jurídico e político: o Direito põe a sua própria complexidade à disposição da autoconstrução do sistema político e vice-versa.

Porém, como a complexidade de um é desordem para o outro, isso implica uma necessidade recíproca de seleção ou de estruturação da complexidade penetrante. Daí resulta uma constante ordenação jurídica de desordem política e ordenação política de desordem jurídica.

Luhmann admite a existência de interferências intersistêmicas, entendendo que a proibição de denegação de justiça, como fundamento constitucional, obriga que o sistema se esforce para a acomodação e resolução de todas as questões passíveis de apreciação pelo Direito, sendo, portanto, o "direito judicial" como algo que submerge no contexto de tal necessidade.

Para o pensador, não se deve permitir, entretanto, que o Direito sofra a intersecção direta de elementos estranhos ao seu sistema, sendo imprescindível que os fundamentos valorativos e morais sejam traduzidos para o Direito de acordo com o código que lhe é próprio, de modo que a decisão judicial seja fundamentada em critérios jurídicos e não em elementos que, sob a perspectiva de diferenciação de sistemas, lhe sejam alheios.

---

[10] Neves p. 91-92

Na obra *Esporte e Constituição,* Wladimyr Camargos, também defende que a Teoria dos Sistemas de Luhmann oferece ideias importantes para a análise das organizações associativas nesse sistema transnacional, lembrando da autorreferencialidade de Teubner e do Transconstitucionalismo de Marcelo Neves. Wladimyr traz no seu livro uma passagem importante de Giulianotti:

> Para aplicar essas teorias ao esporte, podemos começar a observar que o esporte é um subsistema – ao lado de outros como a educação, o direito, a política e a ciência – no contexto de um sistema social mais amplo – sociedade. Nos últimos séculos, o subsistema esportivo experimentou um incremento da diferenciação para com o ambiente externo e um contínuo processo de autopoiese. Assim, por exemplo, o esporte adquiriu mais e mais instâncias diretivas, regras do jogo e códigos de conduta que o distinguem de outros subsistemas. Ao mesmo tempo, o subsistema esportivo responde na forma autopoiética às mudanças no ambiente, como se observou, por exemplo, nas respostas do esporte às campanhas por direitos civis com a introdução de regras ou mensagens antirracismo ou antimachismo/sexismo. (CAMARGOS, 2017, p. 139).

Porém, um pouco mais adiante, Camargos provoca uma reflexão ao lembrar Habermas:

> [...] concordo com Habermas quanto à crítica ao critério de fechamento dos sistemas, para ele, ao contrário, sempre abertos à política e a moral. Como o direito também se relaciona internamente com a política e a moral, a racionalidade do direito não pode ser exclusiva do direito. (CAMARGOS, 2017, p. 139).

A reflexão colocada por Camargos com base no pensamento de Habermas ganha força dentro da organização jurídica privada do esporte quando se avança em outras questões importantes para o esporte e para a vida em sociedade, como a liberdade.

# 3 A LIBERDADE E O DIREITO

Reflexões sobre a liberdade vêm sendo debatidas desde os primeiros grandes pensadores da humanidade. Um dos principais desafios nesse caminho – além de sua necessária proteção – tem sido estabelecer os limites e as responsabilidades dessa liberdade.

Para Aristóteles, discípulo de Platão, considerado um dos maiores filósofos da Grécia Antiga, "a liberdade é a capacidade de decidir-se a si mesmo para um determinado agir ou sua omissão"[11]. Ou seja, Aristóteles coloca como elemento indispensável à liberdade a possibilidade de escolha. A missão do homem livre seria escolher caminho e postura diante das alternativas possíveis, realizando-se como decisão e ato voluntário.

Para o filósofo grego, a liberdade estaria na possibilidade de viver de acordo com as leis que ela ajudou a elaborar. Ou seja, a pessoa teve a liberdade e escolheu dialogar e criar regras coletivas:

> [...] é livre não aquele que vive sem leis ou contra a lei, mas aquele que vive de acordo com as leis que ele mesmo elaborou, ou às quais dá seu assentimento livre. (FARIAS, 1995, p. 174).

O conceito de liberdade perpassa a história e, mesmo milênios após Aristóteles, segue sendo objeto de reflexão e discussão na sociedade. Immanuel Kant também avança nas reflexões acerca da liberdade. Para o pensador, a liberdade é a experiência do prático. Dentro dessa ideia, liberdade para Kant é agir segundo as leis.

---

[11] RABUSKE, A. E. Antropologia filosófica, 7. ed. Petrópolis: Vozes, 1999, p. 89.

Segundo ele, em um conceito positivo, mesmo a liberdade tem que estar submetida a leis, e se essas leis não são externamente impostas, elas são delimitadas internamente. Ele designa a liberdade como autonomia, ou a propriedade dos seres racionais de legislarem para si próprios, em caminho parecido com a ideia de Aristóteles. Para Kant, no entanto, liberdade e moralidade são indissociáveis. Ou seja, ele avança no estudo metafísico, científico, colocando o sujeito como elemento fundamental.

Kant entende que a liberdade passa a existir quando agimos pelo dever, quando este dever é determinado pela lei pura, e não pelas inclinações. Para ele, a liberdade é uma condição indispensável para que a ação moral tenha validade universal.

> [...] tornamo-nos conscientes de leis práticas puras do mesmo modo como somos conscientes de proposições fundamentais teóricas puras, na medida em que prestamos atenção à necessidade com que a razão as prescreve a nós e à eliminação de todas as condições empíricas, à qual aquela nos remete. [...] visto que a partir do conceito de liberdade nada pode ser explicado nos fenômenos mas que aqui o mecanismo natural sempre tem que constituir o fio condutor, que além disso também a antinomia da razão pura, se ela quiser elevar-se ao incondicionado na série das causas, tanto num caso como no outro enreda-se em representações inconcebíveis, enquanto o último (mecanismo) pelo menos possui utilidade na explicação dos fenômenos, assim jamais se teria chegado à façanha de introduzir a liberdade na ciência, se a lei moral, e com ela a razão prática, não tivesse sobrevindo e impingindo a nós esse conceito. (KANT, 2009, p. 106).

Tratando-se de leis morais ou de normas jurídicas, o fundamento de ambas é a autonomia da vontade. Quanto aos deveres morais, os homens são responsáveis perante si mesmos; na esfera jurídica, são responsáveis perante os demais.

É possível avançar e refletir sobre uma interpretação mais recente. Voltamos para Ronald Dworkin, que entende o Direito como uma comunidade de princípios, nos quais a liberdade teria papel central.

## 3 A LIBERDADE E O DIREITO

Para o pensador, os membros dessa comunidade se reconhecem reciprocamente como livres e iguais. Existe um respeito às diferenças, que não pode ser confundido com altruísmo ou dever moral. Ele nasce de um sentimento de pertencimento, fruto das obrigações estabelecidas dentro dessa comunidade de maneira coletiva e respeitando esses princípios.

Portanto, o Direito seria um sistema aberto de princípios e regras. Para ele, a ideia positivista de que uma regra geral e abstrata poderia solucionar os problemas do Direito não responde os problemas concretos apresentados.

Dentro dessa comunidade de princípios, o compromisso com a proteção de direitos humanos mostra-se decisivo para a interpretação dos seus atos. Ou seja, a autoridade precisa de uma atitude que preserve o igual respeito à dignidade de cada um.

Ronald Dworkin entende o Direito como integridade. Igualdade e liberdade estão sob esse guarda-chuva hermenêutico, mas ele também avança na questão ética. Ele não defende uma homogeneidade ética, mas o respeito de todos aos direitos de uma homogeneidade, o respeito de todos aos direitos de todos, como cidadãos dessa comunidade de princípios. "A integração ética com os atos coletivos de uma sociedade política se mostra apropriada apenas para os cidadãos tratados pela sociedade como membros plenos e iguais"[12].

E dentro dessa concepção do Direito como integridade, fundado em uma democracia estabelecida por uma "comunidade de princípios", Dworkin também reflete a respeito da liberdade de expressão. Para ele, "a liberdade de expressão é necessária para que o povo governe o governo e não vice-versa" (DWORKIN, 2006, p. 322). Ele também escreve que a liberdade de expressão:

> [...]é importante não só pelas consequências que tem, mas porque o Estado deve tratar todos os cidadãos adultos (com exceção dos incapazes) como agentes morais responsáveis, sendo esse um

---

[12] Dworkin, The Partnership Conception of Democracy, 1998.

traço essencial ou 'constitutivo' de uma sociedade política justa. (DWORKIN, 2005, p. 497).

Sendo assim, deve-se levar em consideração que a liberdade de expressão constitui um fim em si mesma, na medida em que "é, em si, um direito humano fundamental".
Ou seja, pela leitura de Aristóteles, Kant e Dworkin, pode-se encontrar caminhos para entender que a liberdade é um poder individual de todos, que deve ser decisivo para estabelecer leis e princípios que norteiam a vida das pessoas. Mas Dworkin vai além, afirmando que a validade dessas leis e regras estaria diretamente relacionada ao consentimento dessa "comunidade de princípios", na qual a proteção de direitos humanos, como a liberdade e a igualdade, deve ser protegida.
No esporte, essa "comunidade de princípios" reagiu e agiu depois da morte de George Floyd, exercendo a liberdade de expressão na proteção de direitos humanos, do inegociável direito à igualdade, protegido inclusive pelo movimento esportivo. A luta como vetor de transformação.

## 3.1 A LUTA COMO INSTRUMENTO DE LIBERDADE

Rudolf Von Ihering é um dos principais nomes do Direito. O jurista alemão influenciou novos pensadores do Direito Subjetivo, não só como o direito sendo um exercício jurídico da liberdade, como também da expectativa de direitos privados. O cerne dessa ideia estaria na luta. Escreve Ihering no livro *A Luta Pelo Direito*:

> Todos os direitos da humanidade foram conquistados na luta; todas as regras importantes do direito devem ter sido, na sua origem, arrancadas àqueles que a elas se opunham, e todo o direito, direito de um povo ou de um particular, faz presumir que se esteja decidido a mantê-lo com firmeza. (IHERING, 1994, p. 1).

## 3 A LIBERDADE E O DIREITO

Já no primeiro parágrafo de sua obra, Ihering afirma que:

> A paz é o fim que o direito tem em vista, a luta é o meio de que se serve para conseguir. Por muito tempo pois que o direito ainda esteja ameaçado pelos ataques da injustiça – e assim acontecerá enquanto o mundo for mundo – nunca ele poderá subtrair-se à violência da luta. A vida do direito é uma luta: dos povos, do Estado, das classes, dos indivíduos. (IHERING, 1994, p. 1).

Ou seja, já nas primeiras linhas deste clássico, o escritor deixa claro como a luta tem poder vital na proteção do Direito. Ele avança usando os símbolos da justiça para dizer que o Direito não é uma teoria, mas uma força viva. O autor escreve que "a espada sem balança é a força brutal; a balança sem a espada é a impotência do Direito" (1994, p. 1).

O escritor alemão lembra que a luta normalmente não é caminho fácil, e que muitos na defesa de um direito acabaram sucumbindo, em histórias que se tornaram trágicas. Ele lembra que:

> Todas as grandes conquistas que a história do direito registra, abolição da escravatura, da servidão pessoal, liberdade da propriedade predial, da indústria, crenças e etc, foram alcançadas à custa das lutas ardentes, na maior parte das vezes continuada através de séculos. (IHERING, 1994, p. 2).

Ainda importante trazer à reflexão a conclusão do pensamento do escritor no primeiro capítulo de sua obra sobre a importância da luta como forma de garantir o direito e combater a injustiça. Para ele, o indivíduo precisa lutar pelo direito por uma questão moral e, também, por um dever enquanto cidadão:

> Ao passo que o direito reclama se manter uma viril resistência à injustiça, ela prega uma covarde fuga diante desta última. Opondo-lhe, pois, a tese seguinte: é um dever resistir à injustiça ultrajante que chega a provocar a própria pessoa, isto é, à lesão ao direito que, em consequência da maneira porque é cometida, contém o caráter de um desprezo pelo direito, de uma lesão pessoal.

> É um dever do interessado para consigo próprio, porque é um preceito da própria conservação moral; é um dever para com a sociedade, porque esta resistência é necessária para que o direito se realize. (IHERING, 1994, p. 17).

Neste momento, vale lembrar o ensinamento de Rousseau (2020, p. 46): "ceder à força constitui ato de necessidade, não de vontade; quando muito, ato de prudência. Em que sentido poderá representar um dever?"

Para o pensador francês a questão opressor e oprimido rege as relações humanas, como um freio à liberdade. Prazer e medo são colocados em lados opostos gerando conflitos permanentes. Rousseau (2020, p. 46) escreve que "A natureza comanda todo o animal. O animal obedece. O homem experimenta a mesma sensação, mas se reconhece livre de aquiescer ou de resistir, e é sobretudo na consciência dessa liberdade que se mostra a espiritualidade da sua alma".

O autor entende que a sociedade construída de maneira desigual corrompeu a civilização:

> A origem da sociedade e das leis, que proporcionaram novos entraves aos fracos e novas forças ao rico, destruíram irremediavelmente a liberdade natural, estabeleceram para sempre a lei da propriedade e da desigualdade, de uma hábil usurpação fizeram um direito irrevogável e em benefício de alguns ambiciosos sujeitaram desde então todo gênero humano ao trabalho, à servidão e à miséria. (ROUSSEAU, 2020, p. 87).

Tanto em Rousseau como em Ihering, encontra-se uma tensão permanente que tem a liberdade como pilar do direito e a força como combustível para sua manutenção. Rousseau (2020, p. 91) escreve em sua obra *A Origem da Desigualdade entre os Homens* que os comandantes usam de sofismas para garantir uma liberdade que não existe, "ocorre com a liberdade o mesmo que com a inocência e a virtude, cujo preço só sentimos na medida que desfrutamos e cujo gosto se perde assim que a perdemos".

O autor avança e destaca a importância da luta como uma garantidora da liberdade:

> [...] quando vejo os outros sacrificarem os prazeres, o repouso, a riqueza e a própria vida para a conservação desse único bem tão desenhado pelos que o perderam; quando vejo animais nascidos livres e que execram o cativeiro rebentarem a cabeça contra as barras da sua prisão; quando vejo multidões de selvagens nus desprezar volúpias europeias e enfrentar a fome, o fogo, o ferro e a morte a fim de conservar sua independência, sinto que não é a escravos que cabe arrazoar sobre a liberdade. (ROUSSEAU, 2020, p. 92).

Seguindo a ideia da luta dentro do Direito como combustível para a liberdade, um último pensamento de Ihering se faz importante. Escreve ele que "a essência do Direito consiste na ação. A ação livre é para o sentimento jurídico o que o ar é para a chama: diminuí-la ou perturbá-la é abafá-la inexoravelmente" (IHERING, 1994, p. 68).

A luta recente pela defesa da igualdade dentro do movimento esportivo tem transformado o jogo. Atletas venceram o déficit democrático do movimento esportivo, levantaram a bandeira da proteção de direitos humanos de maneira coletiva e estão transformando o esporte. Mesmo que a liberdade de expressão ainda seja objeto de muita discussão, reflexão, aprendizados e freios, inclusive regulatórios.

## 3.2 LIBERDADE DE EXPRESSÃO

No caminho da luta pela liberdade e pela proteção de direitos humanos, a liberdade de expressão tem sido ferramenta histórica, indispensável e transformadora. Essa liberdade tem proteção no Direito Internacional e na própria Carta Magna brasileira.

A liberdade de expressão está garantida no Brasil pela Constituição Federal de 1988 no art. 5º, em especial nos incisos IV e IX.

Enquanto o inciso IV é mais amplo e trata da livre manifestação do pensamento, o inciso IX foca na liberdade de expressão da atividade intelectual, artística, científica e de comunicação[13].

**Art. 5º**: Todos são iguais perante a lei, sem distinção de qualquer natureza, garantindo-se aos brasileiros e aos estrangeiros residentes no País a inviolabilidade do direito à vida, à liberdade, à igualdade, à segurança e à propriedade, nos termos seguintes:

IV – é livre a manifestação do pensamento, sendo vedado o anonimato;

IX – é livre a expressão da atividade intelectual, artística, científica e de comunicação, independentemente de censura ou licença.

O artigo 5º é dos mais importantes da Carta Magna. Nele estão garantidos os direitos fundamentais, difundidos entre seus 78 incisos, que têm o objetivo de assegurar uma vida digna, livre, igualitária a todos os brasileiros.

No entendimento de José Afonso da Silva:

> A liberdade de comunicação consiste num conjunto de direitos, formas, processos e veículos, que possibilitam a coordenação desembaraçada da criação, expressão e difusão do pensamento e da informação. É o que se extrai dos incisos IV, V, IX, XII, e XIV do art. 5º combinados com os arts. 220 a 224 da Constituição. Compreende ela as formas de criação, expressão e manifestação do pensamento e de informação, e a organização dos meios de comunicação, esta sujeita a regime jurídico especial. (SILVA, 2000, p. 247).

A partir daqui, seria oportuno entender que conexos e intrínsecos à liberdade de expressão encontram-se também outros direitos, como o direito de informar e de ser informado, o direito de resposta, o direito de réplica política, a liberdade religiosa etc. Ou seja, a liberdade de expressão tem proteção para ser a mais ampla possível, desde que resguardada a operacionalidade do Direito.

---

[13] http://www.planalto.gov.br/ccivil_03/constituicao/constituicao.htm.

Esse direito também tem a tutela internacional. A Declaração Universal de Direitos Humanos (DUDH), da Organização das Nações Unidas, traz no artigo 19º da DUDH que *"todo o indivíduo tem direito à liberdade de opinião e de expressão, o que implica o direito de não ser inquietado pelas suas opiniões e o de procurar, receber e difundir, sem consideração de fronteiras, informações e ideias por qualquer meio de expressão"*[14].

Na esfera internacional, a liberdade de expressão encontra guarida em um vasto arcabouço de disposições. Trazendo um exemplo, o Pacto Internacional Sobre Direitos Civis e Políticos (1992), determina, em seu art. 19, que: *"Toda pessoa terá direito à liberdade de expressão; esse direito incluirá a liberdade de procurar, receber e difundir informações e ideias de qualquer natureza, independentemente de considerações de fronteiras, verbalmente ou por escrito, em forma impressa ou artística, ou por qualquer outro meio de sua escolha"*[15].

A liberdade de expressão traz um valor em si, que se relaciona com o próprio desenvolvimento da personalidade do indivíduo. Nas palavras de Rafael Koatz:

> [...] emanação do princípio da dignidade da pessoa humana, que reconhece que a realização individual de cada um depende, em grande medida, do intercâmbio de impressões e experiências para o que a liberdade é fundamental. [...]. A partir de uma visão substantiva, toda e qualquer forma de censura com base no conteúdo é incompatível com a responsabilidade dos cidadãos enquanto agentes morais autônomos. Não cabe ao Estado ou aos agentes públicos definir quais ideias devem circular no meio social [...]. (KOATZ, 2011, p. 391).

Agora, sob uma perspectiva instrumental, a liberdade de expressão é meio importante para a proteção e promoção de outros valores constitucionais, como a própria democracia. Ou seja,

---

[14] https://www.unicef.org/brazil/declaracao-universal-dos-direitos-humanos.
[15] http://www.planalto.gov.br/ccivil_03/decreto/1990-1994/d0592.htm.

além de proteger a liberdade individual, ela protege também interesses coletivos. Escreve Rafael Koatz:

> O regime democrático pressupõe a existência de um 'livre mercado de ideias', apto a influenciar, efetivamente, a condução de políticas públicas. A noção de autogoverno popular se baseia num processo dialético, de troca de impressões e confronto de visões, informado pelo pluralismo e pela isonomia, em que os cidadãos possam se influenciar reciprocamente. Nesse sistema, os indivíduos devem ter acesso às diversas manifestações de pensamento que circulam no meio político. (KOATZ, 2011, p. 395).

Essa liberdade de expressão consiste, então, na garantia de livre manifestação, na proteção jurídica de um espaço para que cada indivíduo possa se exprimir socialmente e no direito de se pronunciar ou de se manifestar de qualquer outra forma. E mais: seria um direito individual, mas de alcance coletivo.

Embora seja um direito fundamental, ela não pode se confundir como um direito absoluto. Nenhum Direito Constitucional é "ilimitado", em face da própria Constituição. Como escrevem Guilherme Scotti e Menelick de Carvalho Netto na obra *Os Direitos Fundamentais e a (In) Certeza do Direito*, "o Direito, entendido em sua integridade, não pode se voltar contra o próprio Direito (2012, p. 132)."

Dessa forma ensinou o então Ministro do Supremo Tribunal Federal, Celso de Mello, ao negar o *habeas corpus* pedido pelo editor nazista Siegfried Ellwanger, em 2003. O editor foi condenado pelo Tribunal de Justiça do Rio Grande do Sul pelo crime de racismo e recorreu ao STF. Por oito votos a três, o Pleno do STF negou o pedido.

Escreveu o Ministro[16]:

> O direito à livre expressão do pensamento [...] não se reveste de caráter absoluto, pois sofre limitações de natureza ética e de ca-

---

[16] HABEAS CORPUS 82.424-2 RIO GRANDE DO SUL

ráter jurídico. Os abusos no exercício da liberdade de manifestação do pensamento, quando praticados, legitimarão, sempre "a posteriori", a reação estatal, expondo aqueles que os praticarem a sanções jurídicas, de índole penal ou de caráter civil. (BRASIL, 2003, n. p.).

No objeto de estudo aqui proposto, muitos são os casos em que a liberdade de expressão entrou em aparente choque com outros direitos fundamentais, como o da igualdade e o da não discriminação (ainda voltaremos ao Caso Ellwanger).

Dentro dessa realidade, Isaiah Berlin, um dos principais pensadores liberais da atualidade, defende uma concepção de "princípios" enquanto valores morais, havendo uma impossibilidade de conciliação em caso de conflito, com o necessário "sacrifício" de um dos princípios.

> Claro é que os valores podem colidir. Valores podem facilmente colidir no âmago de um único indivíduo. E disso não se segue que alguns devam ser verdadeiros e outros falsos. Tanto a liberdade quanto a igualdade estão entre os principais objetivos perseguidos pelos seres humanos através dos séculos. Mas a liberdade total para os lobos é a morte para os cordeiros. Estas colisões estão em sua essência, e na essência do que somos... Alguns dentre os maiores bens não podem conviver. Essa é uma verdade conceitual. Estamos obrigados a escolher, e cada escolha traz uma perda irreparável. (NETTO; SCOTTI, 2012, p. 136).

Dworkin refuta essa ideia. Para ele, o pensamento de conflito de valores serve ao discurso político e ao senso comum como justificativas para a manutenção de desigualdades sociais, já que qualquer medida igualitária implicaria numa invasão à esfera da liberdade. Escreve ele:

> Assim como tiranos buscaram justificar terríveis crimes apelando à ideia de que todos os valores morais e políticos se juntam em alguma visão harmônica de grande importância transcendente, de tal sorte que a seu serviço o assassinato seja justificado,

também outros crimes morais foram praticados com apelo à ideia oposta, de que valores políticos importantes necessariamente entram em conflito, que nenhuma escolha entre eles pode ser defendida como a única correta, e, que portanto, são inevitáveis sacrifícios de coisas que consideramos de grande importância. (NETTO; SCOTTI, 2012, p. 132).

Dentro dessa linha, é importante trazer texto de Gilmar Mendes, que busca no direito alemão uma leitura sobre momentos em que conflitos como esses se apresentam[17]:

> Como acentuado pelo Bundesverfassungsgericht, a faculdade confiada ao legislador de regular o direito de propriedade o obriga-o a "compatibilizar o espaço de liberdade do indivíduo no âmbito da ordem de propriedade com o da comunidade". Essa necessidade de ponderação entre o interesse individual e o interesse da comunidade é, todavia, comum a todos os direitos fundamentais, não sendo especificidade do direito de propriedade. (BRASIL, 2003, n. p.).

Em artigo para o jornal Folha de São Paulo em maio de 2022, a professora Raquel Scalcon reforça o papel da liberdade de expressão na esfera pública. A estudiosa também entende que a Carta Constitucional delimita o âmbito discursivo que ela mesmo protege. Escreve Raquel que:

> O que se espera do Estado não é, portanto, que garanta a qualquer um o direito de dizer qualquer coisa. O seu papel mais urgente e necessário hoje é assegurar que o maior número de ideias e discursos, dentre os constitucionalmente válidos, alcance o maior número de pessoas. A liberdade de expressão não é um fim em si mesmo, puramente egoísta e individual, mas um instrumento de aprimoramento democrático. Via confronto de ideias plurais e diversas no espaço público, desde que, repita-se, constitucionalmente assegurados. (Em https://www1.folha.uol.com.br/

---

[17] HABEAS CORPUS 82.424-2 RIO GRANDE DO SUL.

opiniao/2022/05/liberdade-de-expressao-na-esfera-publica.shtml consulta em 15 de maio de 2022 )

Dworkin entende que mesmo em casos em que a liberdade e a igualdade aparentam estar em lados opostos, há, sim, uma resposta correta, um caminho necessário. E esse caminho não seria o de se fazer um juízo de preferência sobre interesses conflitantes, mas de buscar no caso específico, concreto, uma resposta coerente com a Constituição e o ordenamento jurídico como um todo, abraçando princípios e direitos fundamentais de liberdade e igualdade.

É dentro da "comunidade de princípios" defendida por Dworkin que se encontraria a resposta correta. O estudioso entende que para cada caso concreto existe essa resposta, a partir do diálogo entre princípios estabelecidos pela comunidade e regras de direito.

No final do livro os *Direitos Fundamentais e a (In) Certeza do Direito*, Carvalho Netto e Scotti apresentam uma conclusão sobre a ideia de Dworkin e a necessária proteção da liberdade e da igualdade:

> [...] a igualdade reciprocamente reconhecida de modo constitucional a todos e por todos os cidadãos, bem como, ao mesmo tempo, a todos e por todos é também reconhecida reciprocamente a liberdade, só pode significar , como histórica e muito concretamente pudemos aprender, a igualdade do respeito às diferenças, pois embora tenhamos diferentes condições sociais e materiais, distintas cores de pele, diferentes credos religiosos, pertençamos a gêneros distintos ou não tenhamos as mesmas orientações sexuais, devemos nos respeitar ainda assim como se iguais fossemos, não importando todas essas diferenças. (NETTO; SCOTTI, 2012, p. 162).

Apesar das reflexões, dos mais diferentes pensadores que se debruçaram e se debruçam sobre o tema, a liberdade de expressão ainda aparece no centro de grandes discussões na atualidade. Ela tem sido objeto fulcral de importantes debates jurídicos, também dentro da seara esportiva.

A discussão pode acontecer quando ela apresenta um aparente conflito com outro direito fundamental, como o da proteção da dignidade humana. Ou mesmo quando ela entra em choque com regras de movimentos privados. Mas, afinal, regulamentos internos podem ser usados como freios a esse direito constitucional?

A seguir, alguns casos importantes envolvendo a liberdade de expressão que mobilizaram a opinião pública, provocando grandes e interessantes debates.

### 3.2.1 "CASO CAROL SOLBERG"

O caso da atleta de vôlei de praia Carol Solberg trouxe à tona no movimento esportivo o debate sobre a liberdade de expressão e seus limites. O episódio aconteceu dentro do ambiente privado do esporte, mas ganhou contornos públicos e provocou reflexões importantes sobre a liberdade de expressão e o esporte.

No dia 20 de setembro de 2020, em Saquarema (RJ), a medalhista olímpica de bronze gritou "Fora, Bolsonaro" durante uma entrevista ao vivo, ainda na quadra de jogo após vencer uma etapa do Circuito Brasileiro de Vôlei de Praia. O ato repercutiu no mundo virtual, com críticas e apoio à manifestação da atleta. Mas ele também gerou repercussão na cadeia jurídica privada do esporte.

A Procuradoria do Superior Tribunal de Justiça Desportiva do Vôlei denunciou a atleta com base nos arts. 191 e 258 do Código Brasileiro de Justiça Desportiva (CBJD). Tais dispositivos dispõem respectivamente: *"deixar de cumprir o regulamento da competição"* e *"assumir qualquer conduta contrária à disciplina ou à ética desportiva não tipificada pelas demais regras do código"*[18].

A denúncia apontava que Carol Solberg teria violado o item 3.3 do regulamento da competição, que previa o compromisso do jogador(a) em *"não divulgar, através dos meios de comunicações, sua opinião pessoal ou informação que reflita críticas ou*

---

[18] CBJD.

## 3 A LIBERDADE E O DIREITO

*possa, direta ou indiretamente, prejudicar ou denegrir a imagem da CBV e/ou patrocinadores e parceiros comerciais das competições".*

A defesa da atleta se baseava fundamentalmente no artigo 5º da Constituição Federal, reforçando o direito de manifestação da atleta. Além disso, defendia que o CBJD não prevê manifestação de ordem político-ideológica como infração disciplinar. Para a defesa, Carol estava dando uma entrevista, em um espaço dado para o atleta falar o que pensa.

Ou seja, o caso apresentava um aparente confronto entre um direito tutelado universalmente e o direito do movimento esportivo de se autorregular, garantido pela autonomia.

A 1ª Comissão Disciplinar do Superior Tribunal de Justiça Desportiva do Vôlei julgou o caso e condenou a atleta, por 3 votos a 2, ao pagamento de multa de R$ 1.000,00, sendo esta convertida em advertência. A atleta não ficou satisfeita e decidiu recorrer ao Pleno do STJD, dentro da previsão estabelecida pelo ordenamento jurídico privado do esporte.

O plenário do Superior Tribunal de Justiça Desportiva do Vôlei apreciou o recurso da atleta e a absolveu da condenação de advertência, ou seja, julgou totalmente improcedente a denúncia da Procuradoria.

Mesmo com a decisão, o caso seguiu repercutindo por levantar debate acerca de possível supressão de garantias e direitos fundamentais e desvio na interpretação da norma desportiva (CBJD) a fim de escudar interesses políticos.

Como referido anteriormente, a denúncia feita pela Procuradoria se pautou no suposto descumprimento do item 3.3 do regulamento do Circuito Banco do Brasil Vôlei de Praia Open. Neste ponto, trazemos a análise feita pelos advogados especializados em direito desportivo Rafael Teixeira e Ana Mizutori em artigo para o Lei em Campo:

> No ordenamento jurídico brasileiro, as normas sujeitam-se a um sistema de aplicação binária, aplica-se ou não ao caso concreto. Desta maneira, para que incida a primeira hipótese, imprescin-

dível que haja a perfeita subsunção do enunciado prescritivo ao fato analisado, ou seja, a aplicação da norma ao caso concreto. A objetividade jurídica do item 3.3 do regulamento usado no fundamento da denúncia refere-se tão somente a prejuízo à imagem da Confederação Brasileira de Vôlei, patrocinadores e parceiros comerciais da competição. Ora, sob a ótica da legalidade, a conduta da atleta não corresponde ao enunciado da referida disposição do regulamento, não havendo de se cogitar infração disciplinar ou violação a regulamento de competição. Ademais, o CBJD não prevê manifestação de ordem ideológico-político como infração disciplinar, e, sequer poderia, já que referida previsão ofenderia direitos fundamentais de primeira dimensão de seus jurisdicionados, notadamente, os direitos da personalidade. (TEIXEIRA; MIZTOURI, 2020, n. p.).

Ou seja, se uma punição — mesmo uma advertência — fosse mantida, a decisão poderia incorrer em manifesta supressão ao direito de personalidade da atleta, ao arrepio dos direitos e garantias fundamentais de primeiro grau, tal como a liberdade de expressão, conduzindo a atleta para uma situação análoga à censura, que é a repressão à livre manifestação de pensamento.

Como já trazido à reflexão anteriormente, em um Estado Democrático de Direito, a manifestação política livre de excessos deve ser permitida em qualquer âmbito. No entanto, o próprio ordenamento traz freios necessários.

O reconhecimento de limites à liberdade de expressão em situações específicas, como a do discurso de incitação ao ódio, pornografia e financiamento de campanhas eleitorais, se faz necessário porque em tais casos, como ensina Owen Fiss, "[...] esgarçam, na verdade rompem, o consenso liberal porque os contravalores oferecidos pelo Estado têm incomum e imperativa qualidade" (FISS, 2005, p. 37).

Se à política, como demonstrou a intelectual alemã Hannah Arendt, pertence o âmbito do debate, do discurso, da mediação dos contentamentos e descontentamentos em direção à construção de um senso comum (para um bem comum), a crítica pública (espaço por excelência da política) não deveria ser uma afronta, mas assim se torna em contextos autoritários. Para ela, liberdade e ação política seriam sinônimos.

Arendt entendia que não é enclausurando-se em si mesmo, utilizando-se unicamente da capacidade de pensar ou de querer, que um indivíduo passa a ser livre. A liberdade existe onde a condição plural do homem não seja desconsiderada. O homem só é livre *enquanto* está agindo, nem antes, nem depois (ARENDT, 2001).

Como será abordado um pouco mais à frente, o esporte, ao longo do tempo, sempre foi instrumento de manifestações políticas marcantes, que muito contribuíram para o debate de temas fundamentais, como nazismo, racismo, participação popular e, também, reformas sociais e políticas.

Por sua natureza, o esporte é previsto na Constituição Federal em seu título VIII, que trata da ordem social e traça como um dos seus objetivos a justiça social, ao tempo em que o artigo 220, ao tratar da comunicação social, estabelece que a manifestação do pensamento, a criação, a expressão e a informação, sob qualquer forma, processo ou veículo não sofrerão qualquer restrição.

Já a liberdade de expressão, como trazido anteriormente, é tema que conta com inúmeras previsões constitucionais, como a que assegura a livre manifestação do pensamento e a liberdade de expressão intelectual, artística, científica e de comunicação, independentemente de censura ou licença (artigo 5, IV e IX), o direito de resposta (artigo 5, V), a liberdade de consciência e de crença (artigo 5, VI), o acesso à informação (artigo 5, XIV e XXIII), o respeito ao pluralismo de ideias no ensino (artigo 206, III) e a vedação a qualquer censura de natureza política, ideológica ou artística (artigo 5, IX e 220, §2).

Mesmo assim, por 5 votos a 4, a decisão que absolveu a atleta não teve como principal tese a ideia da proteção do direito fundamental à liberdade de expressão. O raciocínio da maioria dos auditores que votou pela sua absolvição foi de que a manifestação política de Carol Solberg não afetou diretamente a imagem da CBV junto aos seus parceiros e patrocinadores. Eles entenderam que isso não restou demonstrado, algo que seria necessário para a imputação do estabelecido pelo regulamento.

Ou seja, a análise sobre se um regulamento poderia ou não limitar um direito protegido universalmente e pela Constituição Federal brasileira, constante no título de direitos e garantias fundamentais, não foi o objeto principal da reflexão. O que se analisou foi se as palavras da atleta Carol Solberg prejudicaram ou atingiram a Confederação, parceiros ou patrocinadores, de acordo com o estabelecido pelo item 3.3 do regulamento assinado pela atleta[19].

Isso quer dizer que o Pleno do STJD do vôlei não se posicionou sobre estar ou não de acordo com manifestações políticas em eventos e ambientes esportivos. Pelo contrário, eles indicaram uma necessidade de mudança no regulamento a fim de esclarecer e diminuir interpretações acerca do que é ou não permitido aos atletas em situações como essas.

Ou seja, pelo regulamento, denúncia e decisão, conclui-se que no caso há uma evidente preocupação financeira. Como foi colocado no processo, patrocinadores poderiam discordar das palavras da atleta. Nesse caso, torna-se evidente que colocaríamos à prova o direito à liberdade de expressão, um direito de elevado status constitucional, a questões apenas mercadológicas, mesmo sem qualquer fundamentação empírica sobre a causa e suposto efeito.

Como dito, historicamente o esporte é instrumento de discussões políticas, sem prejuízo da competição em si, objeto fulcral das competições do esporte. As dimensões política e social do esporte convivem e dão cores ao seu caráter competitivo, a exemplo da origem dos Jogos Olímpicos da era moderna.

Sobre o caso, finalizam Rafael Teixeira e Ana Mizutori em seu artigo:

> Em síntese, por imperativo constitucional, a liberdade de expressão não pode ser restringida, ainda que verse sobre possível crítica ao governo vigente. Logo, resta clarificada a inexistência de excesso na liberdade de expressão, devendo este direito funda-

---

[19] Julgamento STJD Vôlei – Caso Carol Solberg.

mental ser rigorosamente protegido. O STJD do Vôlei brasileiro ao absolver a atleta Carol Solberg foi elementar na manutenção da Democracia, da República e do Estado Democrático de Direito, pois a atitude da jogadora foi simples declaração política, não revelando ilícito desportivo ou de qualquer outra natureza jurídica. (TEIXEIRA; MIZTOURI, 2020, n. p.).

O caso em análise versa sobre um regramento privado que poderia ser usado como freio à liberdade de expressão. Ainda voltaremos a refletir sobre a força coercitiva dos regulamentos esportivos afastando o esporte da proteção de direitos humanos. Mas antes de avançar no cerne da reflexão desse trabalho, vale apresentar um caso analisado pelo Supremo Tribunal Federal, que colocou em aparente conflito dois direitos fundamentais, o direito à liberdade de expressão e o direito à igualdade.

### 3.2.2 "CASO ELLWANGER"

Uma decisão de 2003 do Supremo Tribunal Federal (STF) se tornou um marco no debate sobre a liberdade de expressão e o discurso de ódio, ou agressão a dignidade humana. O STF decidiu que a propagação de ideias nazistas é crime imprescritível de racismo e não está protegido, no Brasil, pela liberdade de expressão.

Em decisão histórica, a instância maior da justiça brasileira negou, por 8 votos a 3, um *habeas corpus* a Siegfried Ellwanger, escritor e editor brasileiro que publicara livros negando o holocausto e expressando desprezo pelos judeus. O caso mostrou o entendimento da Corte quanto a alguns dos limites à liberdade de expressão definidos pela Constituição Federal.

Siegfried Ellwanger Castan (1928 – 2010) foi um industrial e editor gaúcho. Entre outras ideias, ele defendia um revisionismo histórico que negava o holocausto judeu na Segunda Guerra Mundial. Como estratégia de propagação, utilizava sua editora e livraria Revisão Editora LTDA. para publicar obras como *Os protocolos dos sábios de Sião*, *Minha Luta* (escrito por Hitler) e outros de Sérgio de Oliveira e Gustavo Barroso.

Em sua obra *Holocausto judeu ou alemão – nos bastidores da mentira do século* (1987), Ellwanger escreveu que nunca houve câmaras de gás nos campos de concentração. E eles "não seriam campos de extermínios, mas centros de trabalho forçado". O holocausto judeu seria uma mentira forjada.

Com base nesse material, houve denúncia de racismo do Mopar (Movimento Popular Antirracista) no Ministério Público em Porto Alegre contra o conteúdo das obras publicadas por Ellwanger. A denúncia foi reiterada em 1990 e no ano seguinte foi feita busca e apreensão de livros. Em 1995, Ellwanger foi absolvido em primeira instância do crime de racismo com base na proteção constitucional à liberdade de imprensa. Houve recurso e a 3ª Câmara do TJ-RS proibiu o editor de distribuir seus livros.

Mesmo assim, dois dias depois da condenação, Ellwanger estava vendendo os livros na Feira do Livro em Porto Alegre. O Mopar fez uma nova denúncia, a qual resultou em outra condenação do editor, dessa vez a quase dois anos de reclusão, por induzir e incitar ao preconceito e discriminação — art. 20 da Lei 7.716/1989 —, comutada em serviços comunitários.

Apesar da não reclusão, esse caso (Processo-crime n.º 13970 26988 – 08720) chegou ao STF no pedido de Habeas Corpus nº 82.424[20] em favor de Sigfried Ellwanger, sob a alegação de que não tipificava racismo em seus livros. O argumento era o de que os "judeus não constituem raça, mas um povo".

O caso trazia questões jurídicas importantes. Grupo étnico pode ser considerado raça? Tipifica-se como racismo, discriminação racial ou injúria racial a publicação de obras revisionistas negando o holocausto judeu? Há prescrição em crime de racismo no caso específico?

Entre tantas questões importantes, dentro da reflexão aqui proposta, é importante destacar os limites à liberdade de expressão e a distinção entre liberdade de investigação histórica com fins acadêmicos e a mera propaganda racista.

---

[20] http://www2.stf.jus.br/portalStfInternacional/cms/verConteudo.php?sigla=portalStfJurisprudencia_pt_br&idConteudo=185077&modo=cms s

## 3 A LIBERDADE E O DIREITO

Segundo Menelick e Guilherme na obra *Os Direitos Fundamentais e a (In) Certeza do Direito*, a "discussão girou em torno da aplicação de princípios e, na atual linguagem do STF, buscou-se realizar uma argumentação baseada na 'ponderação' ou 'balanceamento' de valores, tanto por parte da maioria (especialmente o voto do Ministro Gilmar Mendes) quanto da minoria (em especial o Ministro Marco Aurélio)" (Scotti; Netto, 2012, p.149).

Como argumentos que prevaleceram na decisão, cabe trazer o do Ministro Gilmar Mendes. O ministro procurou basear sua conclusão no princípio da proporcionalidade. Analisando não só o complexo ordenamento jurídico, como também dando atenção a instrumentos internacionais que não podem ser esquecidos. Escreveu o ministro:

> Assim não vejo como se atribuir ao texto constitucional significado diverso, isto é, que o conceito jurídico de racismo não se divorcia do conceito histórico, sociológico e cultural assente em referências supostamente raciais, aqui incluído o antissemitismo. (BRASIL, 2003, n. p.).

Scotti e Netto entendem que os argumentos do ministro:

> [Se] mostram sólidos da perspectiva da Justiça como correção normativa, pois de modo algum são argumentos de ponderação. Senão vejamos, quando com base na análise das especificidades do caso concreto afirma "*a discriminação racial levada a efeito pelo exercício da liberdade de expressão compromete um dos pilares do sistema democrático, a própria ideia de igualdade*", na verdade, evidencia a natureza abusiva da pretensão levantada pelo réu, em sua defesa, de buscar dar a prática de crime imprescritível de racismo a roupagem de um mero exercício do direito à liberdade de expressão. (SCOTTI; NETTO, 2012, p.152).

Neste sentido, é importante verificar a constitucionalidade a partir da leitura do direito à liberdade partindo de princípios, e com as exigências da integridade como pilar do ordenamento jurídico. Nessa linha, Martin Kriele faz uma importante consideração:

> O uso da liberdade que prejudica e finalmente destrói a liberdade de outros não está protegido pelo direito fundamental. Se faz parte dos fins de um direito assegurar as condições para a democracia, então o uso dessa liberdade que elimina tais condições não está protegido pelo direito fundamental. (KRIELE, 1980, p. 475).

Ou seja, a decisão traz à tona reflexão anteriormente proposta nesse estudo. O papel da liberdade de expressão e dos direitos fundamentais também como instrumento de proteção coletiva, como a defesa da democracia.

Importante também destacar no Caso Ellwanger que sobre a distinção legal entre racismo, injúria racial, incitação ao racismo, dentre outros crimes, o entendimento jurisprudencial e doutrinário (baseado no parecer de Celso Lafer) sobre o assunto deu interpretação como racismo aos atos de *"praticar, induzir ou incitar a discriminação ou preconceito de raça, cor, etnia, religião ou procedência nacional"*, conforme redação da Lei Caó de 1997. Dessa forma, bastaria a estigmatização de um grupo humano para consumar a tipificação da agressão pelo racismo.

O caso em análise ajuda a entender limites do direito fundamental à liberdade de expressão, um direito com proteção especial, mas que não é absoluto. Do ponto de vista do Direito brasileiro, o STF chegou ao entendimento de que a liberdade de manifestação do pensamento não abarca a defesa do nazismo — na verdade, como visto acima, de nenhum discurso de ódio.

Ou seja, embora a Constituição e cartas internacionais garantam a liberdade de expressão, elas também garantem outros direitos — como a não discriminação e a dignidade da pessoa humana — que são feridos com discursos de ódio.

# 4 DIREITO, COERÇÃO E NEUTRALIDADE

A coerção é uma palavra muito associada ao Direito. Inclusive na definição da palavra no dicionário encontramos[21]:

1 *Ato ou efeito de reprimir.*
2 *JURÍDICO – Ação, direito ou poder legal das autoridades do Estado, a fim de fazer valer o Direito.*

Para muitos pensadores, a coerção é elemento que distingue o Direito de outras ciências, já que o Direito tem a força de exigir das pessoas determinados tipos de comportamentos, tanto punindo condutas indesejáveis, como estimulando as condutas desejáveis.

Apesar de historicamente ser usado no mundo jurídico como uma força estatal, um poder do Estado para fazer valer o Direito, entendemos que esse poder coercitivo (na essência da palavra, *ato ou efeito de reprimir.*) tem presença e força no ambiente esportivo. No entanto, antes de refletirmos sobre a força coercitiva dos regulamentos esportivos, faz-se necessário entender como diferentes pensadores abordaram a relação entre Direito e coerção.

## 4.1 A COERÇÃO DE SCHAUER

Para o estudioso John Austin, a coerção tem papel decisivo no Direito, o que o diferencia de outras ciências sociais e religiosas.

---

[21] https://michaelis.uol.com.br/moderno-portugues/busca/portugues-brasileiro/coercao.

Para o pensador (1832, p. 180), a "lei" é uma norma ou regra de conduta enquanto expressa uma "ordem", positiva ou negativa. Ou seja, um "comando", que é o desejo do "soberano" para que outro ser faça algo ou se omita em fazer.

Segundo Austin, seria importante diferenciar os comandos em "jurídicos", "morais" e "divinos". Escreve o pensador:

> Em toda comunidade governada por um monarca, os súditos têm deveres para com o monarca; e em toda comunidade governada por um corpo soberano os súditos (incluídos os distintos membros da mesma coletividade) têm deveres para com este corpo em sua capacidade colegiada soberana. Em toda comunidade governada por um monarca, o monarca tem deveres para com os súditos. E, em toda comunidade governada por um corpo soberano, e colegiado, tem deveres para com os súditos (incluídos seus próprios membros considerados em separado). (AUSTIN, 1832 p. 293- 294).

Para Austin, portanto, os "comandos" — poder coercitivo — teriam relevância fundamental ao Direito. Frederick Schauer não vai tão longe quanto Austin, mas não deixa de analisar a importância da coerção para o Direito.

> Una vez que entendemos a las sanciones como intentos del Estado de proveer motivaciones para la obediência al derecho aparte de aquellas motivaciones que están basadas em el contenido mesmo del derecho, para que asi las personas se conduzcan de forma consistente com éste y com ello ejercer la coercion para que se acate el derecho simplesmente porque es el derecho. (SCHAUER, 2015, n. p.).

Para o autor, muitas vezes o motivo de obedecer a lei é a espada que, de uma maneira ou outra, é apontada para o pescoço do indivíduo, o ameaçando na hipótese de descumprimento. E, para isso, o Direito se utiliza de um "arsenal coercitivo".

No capítulo 9 do livro *A força do Direito*, Schauer traz alguns desses "arsenais" coercitivos, dando destaque para a "Expulsão e outras incapacidades". Neste momento da obra, ele traz o exemplo da Máfia e do seu poder em fazer com que seus membros ajam de acordo com o que a organização determina.

> Para la mayoria de los involucrados en esa forma de crimen organizado, quizas hasta para todos. Las vantajas materiales (incluído el poder) dadas por la membresia son losuficientemente grandes como para que la amenaza de expulsion bien pueda ser tan potenteen tanto que forma de coercion, como la amenaza de uma ejecucion violenta. (SCHAUER, 2015, n. p.).

O Direito atua dessa forma, em parte porque habitamos um mundo heterogêneo, em que o bem comum é constantemente perturbado por sujeitos que procuram a satisfação de seus interesses particulares e, mais ainda, nos situamos em um mundo em que pessoas benevolentes, com boas intenções, acreditam que estão fazendo um bem, por tradição, cultura, religião.

Para Schauer, o Direito faz com que os indivíduos façam coisas que não desejam fazer. Deste modo, se há uma atribuição que o direito pode executar melhor do que outras entidades e/ou ciências é a delimitação do comportamento. Diz Schauer (2015, n. p.): "la tesis de este libro de que la coercion tiene uma importância em la compreensión y explicación del fenômeno del derecho que la teoria del derecho há monospreciado".

Porém, de acordo com ele, equiparar o Direito à "coerção ou ao amedrontamento de punição ou algum outro 'mal' é um enorme engano" (SCHAUER, 2015 n. p.).

## 4.2 A COERÇÃO PARA HART, KELSEN, KANT E IHERING

A reflexão da efetividade do Direito através da coerção vem sendo analisada há muito tempo. Immanuel Kant — considerado um dos principais filósofos da era moderna — defendia que a coerção ocupava um lugar de destaque na teoria do Direito.

Na sua obra *Doutrina do Direito* ele procura extrair analiticamente a autorização de uso da força para coagir no Direito:

> Ora, tudo que é injusto é um obstáculo à liberdade de acordo com leis universais. A coerção, entretanto, é um obstáculo ou resistência a que a liberdade aconteça. Logo, quando um certo uso da liberdade é ele próprio um obstáculo à liberdade de acordo com leis universais (isto é, é injusto), então a coerção que a ele se opõe, enquanto impedimento de um obstáculo da liberdade, é conforme à liberdade de acordo com leis universais, isto é, é justa. Portanto, ao mesmo tempo, está ligada ao direito, pelo princípio da contradição, uma autorização para coagir alguém que o viola. (KANT, 1900, p. 231).

Como visto anteriormente, a força tem um significado de destaque para o direito de acordo com Ihering. O pensador concebia uma "identidade genética" entre coerção e Direito, em que aquela é matriz desta. Ele escreve:

> A força atinge o direito não como a algo que lhe fosse alienígena, que devesse tomar de empréstimo de fora, do senso de direito, e também não como a algo mais elevado a que devesse se submeter, sentindo sua inferioridade. Reversamente, a força faz nascer o direito de si mesma, como medida de si própria – o direito como política da força. (IHERING, 2002, p. 174).

Como se vê, Ihering acredita que a coerção (aqui trazida como "força") é mais do que um elemento constitutivo da norma jurídica: é a matriz de seus ordenamentos. Mas o pensador avança na reflexão, entendendo que somente o Estado tem essa força coercitiva: "apenas aquelas normas erigidas pela sociedade que se respaldem na coação (...) fazem jus à designação de Direito, no que se acha implícito que (...) o Estado é a única fonte do Direito" (IHERING, 2002, p. 219).

Ou seja, o autor de "*A finalidade do Direito*" é mais incisivo do que Kant. Ihering, entende que só é possível a cogitação de normas coercitivas que provenham exclusivamente do aparelho do

Estado, não sendo cogitada a possibilidade de outra força coercitiva estabelecida pelos cidadãos.

Para o pensador Hans Kelsen, a norma jurídica expressa "um dever. Este, por sua vez, participa do contexto técnico de atuar como instrumento de motivação para as condutas humanas" (SGARBI, 2020, p. 57).

Kelsen afirma que uma característica comum às ordens sociais (a que chamamos Direito) é que são ordens coativas, no sentido de que reagem contra situações indesejáveis, por serem socialmente perniciosas, com um ato de coação, ou seja, com um mal que é aplicado ao destinatário mesmo contra a sua vontade.

Como explica Sgarbi:

> [...] pelo fato de o direito se valer da técnica da motivação indireta, através do emprego de punições socialmente organizadas, que cabe, as sanções a tarefa de condicionar as condutas humanas, inculcando o devido e desalentando o proibido. Por essa razão, Kelsen designa a parte do texto legal que a prevê de "primárias" e as predica de "verdadeiras normas". (SGARBI, 2020, p. 58).

Segundo Kelsen, o momento da coação, enquanto circunstância de que o ato estatuído pela ordem como consequência de uma situação de fato considerada socialmente prejudicial deve ser executado mesmo contra a vontade da pessoa atingida. Esse é o critério fundamental de efetividade de um ordenamento jurídico. Fica evidenciado que ele entende que a efetividade do ordenamento jurídico se lastreie com base na coerção.

Evidente que pela força positivista, as posições de Kant, Ihering e Kelsen continuam servindo de esteio à fundamentação de legitimidade do Direito. No presente século, multiplicam-se os juristas que pregam empreender construções teóricas de legitimação de um suposto direito democrático como vimos em Teubner e Dworkin, mas a força da relação Direito e coerção sob ponto de vista positivista segue presente.

## 4.3 PLURALISMO JURÍDICO E ASSOCIAÇÕES ESPORTIVAS

Dentro do ambiente esportivo, com seus regulamentos e especificidades, a ideia de um pluralismo jurídico também se faz presente. Com ele, vemos que a força coercitiva se apresenta além da presença do Estado. Ou seja, o Direito em um universo maior de entrelaçamentos, indo além do poder estatal na determinação das condutas exigidas.

### 4.3.1 PLURALISMO JURÍDICO

A teoria pluralista do Direito o compreende como manifestação autônoma, pois ele surge da expressão da população e pode ou não ser oficial. Isto é, o pluralismo decorre da existência de dois ou mais sistemas jurídicos, dotados de eficácia, concomitantemente em um mesmo ambiente.

Para Hans Kelsen, o Direito não se distanciava da norma escrita; a ordem jurídica era considerada exclusivamente estatal; o ordenamento jurídico seria completo; e a vigência de uma norma depende de sua validade formal, ou seja, dos procedimentos para sua criação. Trata-se da compreensão do Direito como método científico, a partir de um processo lógico dedutivo de submissão dos fatos à Lei, através da declaração feita pelo intérprete (BARROSO, 2006, p. 23-25).

O sociólogo português Boaventura de Souza Santos (2002, p. 171), no entanto, pondera que o "Estado nunca teve monopólio do Direito". Em paralelo à ilusão de um Direito estatal, sempre existiram ordens jurídicas supraestatais e ordens jurídicas infraestatais. Ou seja, o Direito teria um universo maior de entrelaçamentos, indo além do poder estatal na determinação das condutas exigidas.

A teoria pluralista tem como base a ideia de que a Lei não apenas não deve, como é completamente incapaz de regular todas as relações jurídicas presentes na sociedade. Uma linha que ganhou força no mundo contemporâneo, com a valorização da sociedade em relação ao Estado e com a globalização humana e econômica.

Nessa linha, o autor e estudioso do Direito e suas relações, Marcelo Neves, em entrevista para o ConJur (Consultório Jurídico), dentro da ideia de um pluralismo jurídico, define o transconstitucionalismo como o entrelaçamento de ordens jurídicas diversas, tanto estatais como transnacionais, internacionais e supranacionais, em torno dos mesmos problemas de natureza constitucional (NEVES, 2009).

O esporte seria então, conforme trazido no capítulo 2 deste livro, um movimento transnacional, em que há entrelaçamentos permanentes entre diferentes ordenamentos jurídicos. Uma intersecção permanente da *lex* pública com a *lex sportiva*.

Entendendo as associações do esporte como entidades privadas, é sabido que elas são reguladas por um pluralismo de leis, normas e regras. O pluralismo jurídico desse direito transnacional do esporte se expressa inclusive na Constituição Brasileira e na Lei 9615/98, a Lei Pelé.

O artigo 217 da Constituição Federal[22] (1988) não só reconhece a Justiça Desportiva (privada) — e os regulamentos internos do movimento esportivo — como competente para resolver problemas relacionados à disciplina e à competição, como também coloca um freio no Direito de Ação protegido pela mesma Carta, no art. 5º. Não se entende como uma proibição ao direito de todos de procurar à Justiça, mas como uma determinação estatal de caminhos que precisam ser respeitados para se buscar a justiça em casos desportivos, conforme explicitam os parágrafos 1º e 2º, do mesmo artigo 217.

> § 1º *O Poder Judiciário só admitirá ações relativas à disciplina e às competições desportivas após esgotarem-se as instâncias da justiça desportiva, regulada em lei.*
> § 2º *A justiça desportiva terá o prazo máximo de sessenta dias, contados da instauração do processo, para proferir decisão final.*

---

[22] Em Constituição da República Federativa do Brasil.

Além da Carta Magna, a Lei 9615/98, a Lei Pelé, Lei Geral do Esporte, traz logo no artigo 1º que o esporte no Brasil é regido pelas leis formais nacionais, bem como pelos regulamentos esportivos, nacionais e internacionais. Ou seja, há não só um reconhecimento das regras esportivas pelo ordenamento jurídico nacional, como também uma internalização daqueles regulamentos internacionais.

Diz o artigo 1º[23]:

> *Art. 1º O desporto brasileiro abrange práticas formais e não-formais e obedece às normas gerais desta Lei, inspirado nos fundamentos constitucionais do Estado Democrático de Direito.*
>
> *§ 1º A prática desportiva formal é regulada por normas nacionais e internacionais e pelas regras de prática desportiva de cada modalidade, aceitas pelas respectivas entidades nacionais de administração do desporto.*

Tais referências legislativas mostram o pluralismo jurídico desportivo pelo ordenamento jurídico brasileiro. O movimento jurídico esportivo seria constituído, então, pelas normas estatais nacionais e internacionais, bem como pelas regras privadas do esporte "aceitas pelas respectivas entidades de administração do desporto".

Diante desse entendimento e dentro da autonomia protegida inclusive constitucionalmente, o que se percebe é que as associações esportivas também se utilizam da sanção como instrumento coercitivo no processo autorregulatório a fim de que cumpram as regras internas estabelecidas, tendo as normas primárias (de conduta) e normas secundárias (de reconhecimento) definidas e reconhecidas.

---

[23] http://www.planalto.gov.br/ccivil_03/leis/l9615consol.htm.

Na obra *A Força do Direito*, Schauer, ao se referir sobre o "arsenal coercitivo", também reflete sobre a exclusão como ferramenta de pressão para que as associações façam com que seus membros sigam os regulamentos internos. O autor usa o exemplo das associações religiosas:

> Alli donde se percibe la exclusión como uma sanción substancial y algo que debe ser evitado, la amenaza com ésta puede tener um efecto coercitivo significativo. Las comunidades religiosas han practicado por mucho tempo la exclusión de membros bajo las formas de apartamento. (SCHAUER, 2015 n. p.).

Aqui, pode-se traçar um paralelo das entidades religiosas com as esportivas, como veremos a seguir.

### 4.3.2 A COERÇÃO NO MOVIMENTO ESPORTIVO

As associações esportivas também se utilizam muito desse expediente coercitivo para manter o monopólio associativo. Por exemplo, elas não permitem que clubes ou atletas participem de competições que não sejam organizadas — ou tenham a chancela — das próprias entidades esportivas. São as chamadas "cláusulas compromissórias".

Nessa regra interna, muitas vezes presente nos Estatutos, está prevista a suspensão ou mesmo banimento de quem não a respeitar. Exercendo um poder coercitivo, as entidades esportivas têm regras primárias, que determinam condutas, e regras secundárias, de reconhecimento das regras, julgamento e imposição de sanções.

Apesar das proteções ao direito de ação e nas definições estabelecidas pela CF no art. 217, de provocar o judiciário respeitando as exigências de admissibilidade, o estatuto de diversas entidades de organização do desporto proíbe (com poucas exceções) que seus membros procurem a justiça comum de seus países para recorrer das decisões da justiça desportiva. No Brasil e no mundo.

A FIFA, entidade maior do futebol, por exemplo, o faz no artigo 59.2 e 59.3 de seu estatuto[24]. Pelo disposto no regulamento, todos aqueles que estão dentro da estrutura desportiva são fortemente desencorajados a procurar o judiciário comum para dirimir questões desportivas regulamentares e disciplinares.

> *Art. 59.2 – O recurso aos tribunais comuns de direito é proibido, a menos que expressamente previsto nos regulamentos da FIFA. O recurso aos tribunais comuns de direito para todos os tipos de medidas provisórias também é proibido.*
>
> *Art. 59.3 – As associações devem inserir uma cláusula em seus estatutos ou regulamentos, estipulando que é proibido entrar em disputa na associação ou disputas que afetam ligas, membros de ligas, clubes, membros de clubes, jogadores, oficiais e outros oficiais da associação em tribunais comuns, a menos que os regulamentos da FIFA ou disposições legais vinculativas prevejam especificamente ou estipulem o recurso a tribunais comuns.*

A Confederação Brasileira de Futebol (CBF) reforça essa regra e segue a diretriz da entidade internacional inserindo em seu Estatuto os artigos 124 e 127, que preveem[25]:

> *Art. 124 – Fica expressamente proibido postular, demandar ou recorrer à Justiça ordinária, exceto nas hipóteses admitidas pela FIFA.*
>
> *Art. 127 – Aquele que descumprir ou, de qualquer modo, concorrer para a infração da norma imposta pela FIFA e CONMEBOL, que veda demandar ou recorrer aos órgãos da Justiça ordinária, ficará sujeito à jurisdição, às penalidades e sanções estabelecidas nos Estatutos da FIFA,*

---

[24] Em https://digitalhub.fifa.com/m/7af12a40897b1002/original/azwxwekfmxonfdixwv1m-pdf.pdf.

[25] Em https://conteudo.cbf.com.br/cdn/202111/20211110180407_817.pdf.

*da CONMEBOL e da CBF. Parágrafo único – Caso a CBF tome conhecimento de qualquer medida ou ação na Justiça ordinária promovida em benefício de entidade de prática ou de administração do desporto, por si ou por terceiros, tal infração deverá ser imediatamente comunicada à CONMEBOL e à FIFA para as providencias cabíveis.*

Finalmente, o Código Brasileiro de Justiça Desportiva (CBJD)[26] prevê punição de exclusão do campeonato ou torneio que estiver disputando e multa de R$100,00 a R$100.000,00 aos que procurarem o poder judiciário para pleitear matéria referente à disciplina e competições antes de esgotadas todas as instâncias da Justiça Desportiva, ou que se beneficiarem de medidas obtidas pelos mesmos meios por terceiro.

Já na "Família Olímpica", o Comitê Olímpico Internacional (COI), também se utiliza de meios em que a coerção acaba tendo papel importante para que a comunidade esportiva siga as regras da entidade. A Regra 50[27], que está na Carta Olímpica — uma espécie de "Constituição" do movimento olímpico — proíbe "manifestações políticas" dos atletas em eventos esportivos. Este artigo foi usado historicamente para punir atletas que se posicionassem politicamente em eventos, inclusive na defesa dos Direitos Humanos. Diz a Regra 50:

*2. No se permitirá ningún tipo de manifestación ni propaganda política, religiosa o racial en ningún emplazamiento, instalación u otro lugar que se considere parte de los emplazamientos olímpicos.*

O que se nota é que mesmo diante da permanente vigilância do Estado e da proteção não só no Brasil como em vários lugares do mundo do direito de ação, as entidades usam os regulamentos

---

[26] Em https://conteudo.cbf.com.br/cdn/201507/20150709151309_0.pdf.
[27] Em https://stillmed.olympic.org/media/Document%20Library/OlympicOrg/General/ES-Olympic-Charter.pdf.

internos como instrumentos coercitivos, na tentativa de punir condutas indesejáveis e/ou estimular as desejáveis. Um dos elementos esportivos que mais estimulam a produção dessas regras internas é a chamada "neutralidade esportiva".

## 4.4 NEUTRALIDADE

Preocupação com a supremacia do jogo e da competição faz com que o movimento esportivo tenha como desafio a permanente busca por uma "neutralidade política". Inclusive, diante da busca pela isenção e aproveitando a natureza autônoma desse movimento transnacional e apartidário (diferente de apolítico), o Comitê Olímpico Internacional se organizou de maneira única, como entende Katia Rubio:

> A força do Movimento Olímpico estava sustentada nos comitês olímpicos nacionais, mas principalmente no cooptação e atuação dos membros do Comitê. Vale lembrar que o sistema organizacional do COI, desde sua constituição, é realizado por pessoas indicadas pelos membros já participantes, ou seja, o regime que sustenta a organização olímpica não está pautado em uma concepção democrática, denominado democracia reversa. Intentava com isso garantir a independência de sua organização, isolando-a da complexidade social gerada por um sistema democrático. (RÚBIO, 2019 p. 31).

Ou seja, diante dessa ideia e apesar de sua natureza democrática e agregadora, o esporte buscava na sua organização administrativa/jurídica/funcional um controle hierárquico. Essa dinâmica garantiria a "estabilidade necessária", um ambiente apolítico.

O modelo traz críticas de pensadores do esporte, principalmente sob o argumento de que essa organização, com a ideia de "neutralidade", traz freios à democracia e à participação efetiva de outros membros da cadeia associativa, como os atletas. Sobre o assunto escreveu Valente (1999, p. XX):

O receio de lidar com conflitos internos e o ceticismo com a democracia levou Coubertin a estruturar e organizar o COI como uma instituição unipartidária, em um modelo próximo ao oligárquico, tendo como documento norteador de sua prática a Carta Olímpica, elaborada pelo fundador do movimento olímpico em aproximadamente 1898.

Nessa linha, avança Katia Rubio:

> A prática de indicação pelo próprio Comitê persiste até os dias atuais e seus membros são considerados embaixadores dos ideais olímpicos em seus respectivos países e não delegados de suas nações junto ao Comitê, numa tentativa de destituir aqueles que lidam com o esporte de qualquer relação com manobras políticas. Isso vem representar um paradoxo uma vez que embora não haja representação nacional dentro da estrutura burocrática do COI, a um atleta só é permitido participar de uma edição de Jogos Olímpicos desde que tenha os índices necessários, obtido em situações em que ele tenha representado seu país em eventos internacionais. Ou seja, é vetada a participação independente de qualquer pessoa, mesmo habilidosa, sem que ela defenda as cores de uma bandeira nacional. (RUBIO, 2011, p. 85).

Embora publicamente a intenção fosse distanciar o esporte da política, os fatos mostram como isso se tornou ineficiente ao longo dos anos. Foram muitas as manifestações de atletas e muitos os compromissos políticos assumidos pelo esporte na história.

Segundo o sociólogo e historiador do esporte Jaques Defrance:

> A liderança esportiva internacional está dividida em dois tipos. Uma "utópica", que procura construir uma "entidade esportiva extraterritorial mundial," cujo corpo de líderes se colocaria "em pé de igualdade com os chefes de Estado", acima do divisões nacionais. É o que pode ser denominado uma diplomacia soft power. Outra, é a opção "pacifista" e internacionalista, uma forma de exercer a neutralidade, ou seja, "uma maneira de não escolher entre os campos opostos". (DEFRANCE, 2000, p. 22).

Aqui podemos trazer um conceito de Norberto Bobbio (1998), a fim de avançar na reflexão sobre política, esporte e neutralidade. Política é a expressão advinda do termo grego *politiká*, que detinha um vínculo com o que é da pólis, da sociedade, da cidade, isto é, tudo o que viria a ser público, e, em consequência, de relevância para o cidadão.

> [...] o termo Política se expandiu graças à influência da grande obra de Aristóteles, intitulada Política, que deve ser considerada como o primeiro tratado sobre a natureza, funções e divisão do Estado, e sobre as várias formas de Governo, com a significação mais comum de arte ou ciência do Governo, isto é, de reflexão, não importa se com intenções meramente descritivas ou também normativas, dois aspectos dificilmente discrimináveis, sobre as coisas da cidade. (BOBBIO, 1998, p. 954).

Na atualidade, em outro panorama, a política se atrela à administração da sociedade por aqueles que a gerem, isto é, o compilado de decisões realizadas pelos eleitos ou não para preencher os cargos de governança. Ademais, para Bobbio (1998), a política pode remeter à definição de poder e se vincular com os modos de se adquirir vantagens sobre indivíduos e situações.

Jacques Defrance avança na ideia de que manter o esporte longe da política seria um desafio impossível. Como exemplo, ele lembra a movimentação política que antecede a escolha dos países sedes dos principais eventos esportivos.

> Além disso, com a crescente autonomia do Campo Esportivo, mesmo internamente podemos falar de uma grande importância da política. Toda a organização da FIFA e suas confederações continentais, por exemplo, é feita com base em votações e muito jogo político, como a cada nova eleição, ou escolha para sedes das Copas do Mundo. Fica provado que é um jogo político codificado, que possui um conjunto de regras próprias e internas, com seus conselhos, comitês, sistemas de justiça, mas mesmo assim é sempre um jogo político, apesar de um discurso de neutralidade. (DEFRANCE, 2000, n. p.).

## 4 DIREITO, COERÇÃO E NEUTRALIDADE

Como exemplos recentes, as escolhas das sedes para as Copas de 2018, na Rússia, e 2022, no Qatar, foram sucedidas de uma série de denúncias de movimentação política e corrupção. Inclusive, o processo desencadeou um dos maiores escândalos da história do futebol, o **Fifagate**.

Em maio de 2015, catorze das pessoas mais importantes do futebol mundial foram acusadas em uma investigação pelo *Federal Bureau of Investigation* (FBI) e pelo *Internal Revenue Service* por fraude eletrônica, extorsão e lavagem de dinheiro[28].

As escolhas das sedes para os Jogos Olímpicos também têm sofrido com denúncias de corrupção. O processo que determinou o Rio de Janeiro como cidade dos Jogos de 2016 passou por uma grande investigação que gerou a denúncia e a prisão de alguns dos responsáveis pela candidatura brasileira. Escreveu o jornal El País sobre o caso em 21 de julho de 2019:

> Mais de 40 bilhões de reais gastos com operação, obras de mobilidade urbana e a construção de arenas. Isenção fiscal para entidades privadas organizarem a Olimpíada. Subvenção de emergência do Governo federal para realização dos Jogos Paralímpicos. Quase 100 milhões de reais de custo anual para manutenção de instalações esportivas, parte delas com baixa utilização ou até mesmo abandonadas. A conta para que o Rio de Janeiro abrigasse o maior evento do esporte mundial segue em aberto, com mais da metade de seu rombo bancada pelos cofres públicos. Porém, além dos números oficiais, a fatura começou a ser paga bem antes da cerimônia de abertura em agosto de 2016 – mais precisamente, há uma década. (PIRES, 2019, n. p.).

Mesmo que o caminho da "neutralidade" pareça para muitos uma utopia do movimento esportivo, esse pilar segue sendo usado como freio a manifestações políticas em defesa de direitos fundamentais, como veremos mais adiante. Além disso, essa

---

[28] Em https://congressoemfoco.uol.com.br/projeto-bula/reportagem/policia-prende-ex-presidente-da-cbf-e-outros-seis-cartolas-da-fifa.

organização também coloca em xeque a ideia de um movimento democrático dentro do esporte.

De acordo com Katia Rubio:

> O esporte praticado nesse sistema é evidentemente prerrogativa de poucos, dos mais habilidosos, como o são as atividades em que se exige a especialização extrema. Entretanto, causa curiosidade o desejo de pertencimento a um movimento que pode levar a uma perda de identidade devido às limitações impostas pelo establishment. (RUBIO, 2019, p. 32).

A verdade é que, romântica ou estratégica, a visão de Pierre de Coubertin tentou driblar a lógica de que jogos que reuniriam diversos países necessariamente enfrentariam desafios políticos, econômicos e sociais, variando de racismo, homofobia, terrorismo, corrupção ou comercialização dos jogos. Apesar de seu esforço ideológico, os Jogos Olímpicos e a própria Copa do Mundo acabaram refletindo tensões políticas, crises econômicas, floração cultural e desenvolvimento, assim como em outros vários eventos esportivos espalhados pelo planeta.

Como escreveu o autor Trevor Taylor (1986), estes megaeventos desportivos internacionais dão a oportunidade aos Estados e nações de representarem seu poder através de vitórias e quadro de medalhas. Este argumento é válido, sobretudo, em uma era na qual as armas nucleares transformaram os tradicionais meios de batalha em algo impraticável.

Apesar da realidade fática, as entidades esportivas usam da autorregulação para tentar proteger a ideia de "neutralidade". Regulamentos internos do esporte têm sido usados historicamente como freios à manifestação de atletas, inclusive na proteção de direitos humanos.

### 4.4.1 COI E A NEUTRALIDADE ESPORTIVA

O Comitê Olímpico Internacional (COI) carrega desde a sua fundação o discurso de Pierre Courbetein de combate ao preconceito

## 4 DIREITO, COERÇÃO E NEUTRALIDADE

e de integração social. Um dos princípios mais caros do Olimpismo é o de que "toda e qualquer forma de discriminação relativamente a um país ou a uma pessoa com base na raça, religião, política, sexo ou outra é incompatível com o Movimento Olímpico." Diz o princípio 2 do Olimpismo, presente na Carta Olímpica (2011), que serve como Estatuto do Movimento Olímpico[29].

> 2. O objetivo do Olimpismo é o de colocar o desporto ao serviço do desenvolvimento harmonioso da pessoa humana em vista de promover uma sociedade pacífica preocupada com a preservação da dignidade humana.

Em seus princípios 4 e 6 estão garantidos a proteção da dignidade humana e o combate a qualquer tipo de preconceito. A saber[30]:

> 4. A prática do desporto é um direito do homem. Todo e qualquer indivíduo deve ter a possibilidade de praticar desporto, sem qualquer forma de discriminação e de acordo com o espírito Olímpico, que requer entendimento mútuo, com espírito de amizade, solidariedade e fair-play.

> 6. Toda e qualquer forma de discriminação relativamente a um país ou a uma pessoa com base na raça, religião, política, sexo ou outra é incompatível com a pertença ao Movimento Olímpico

E, mais: entre as missões e o papel previstos na Carta Olímpica[31] está:

> 6. Agir contra qualquer forma de discriminação que afete o Movimento Olímpico;

---

[29] Em https://www.fadu.pt/files/protocolos-contratos/PNED_publica_CartaOlimpica.pdf.
[30] Em https://www.fadu.pt/files/protocolos-contratos/PNED_publica_CartaOlimpica.pdf.
[31] Em https://www.fadu.pt/files/protocolos-contratos/PNED_publica_CartaOlimpica.pdf.

Entretanto, na Regra 50.3, que trata sobre "Publicidade, Manifestações, Propaganda", está escrito que:

> *3. Não é permitida em qualquer instalação Olímpica qualquer forma de manifestação ou de propaganda política, religiosa ou racial.*

A história mostra que a "Regra 50" tem sido usada como freio a manifestações de atletas, inclusive com um histórico de punições esportivas para aqueles que dentro de ambiente esportivo se manifestaram pela proteção de direitos humanos. Ou seja, uma leitura restrita, esquecendo princípios basilares do direito e do movimento privado do esporte olímpico.

Como escreveu Wladimyr Camargos, professor de Direito Constitucional e autor da obra *Constituição e Esporte no Brasil*, no Portal Lei em Campo, *"o respeito aos Direitos Humanos é elemento interno, não externo da autonomia esportiva. É autolimite próprio da Lex Sportiva"*[32].

Como se verá adiante, além de contrariar princípios basilares do esporte, a Regra 50 também ataca direitos protegidos internacionalmente e princípios reforçados por diferentes tratados internacionais — dos quais a imensa maioria dos países do movimento olímpico são signatários —, inclusive pela Declaração Universal de Direitos Humanos.

Mesmo entendendo ser o Comitê Olímpico Internacional uma entidade privada, tendo autonomia para criar regras, a Regra 50 apresenta um conflito interno. Ela representa um caminho de tolher a liberdade de expressão e a manifestação na proteção de causas de igualdade e justiça social, princípios da própria organização.

Outro aspecto importante a ser analisado é a natureza do esporte. Ele nasce com a ideia de aproximar — e não afastar — povos e pessoas. Esporte abraça, não recrimina. Manifestações em

---

[32] Em https://leiemcampo.com.br/champions-e-violacao-de-direitos-humanos-catar-escancara-dilema-no-esporte/.

defesa da igualdade e do combate à discriminação estariam em conformidade com os princípios formadores do movimento.

Mesmo autônoma, nenhuma entidade anda dissociada da sociedade. O direito é "uno" e mantem diálogo permanente com todos, inclusive com as entidades esportivas. Por ser indivisível, as interpretações legais devem ser feitas levando-se em conta todo o ordenamento jurídico e não apenas regras isoladas, conforme ensina Pedro Lenza (2012, p. 53):

> Devemos alertar o leitor que, modernamente, vem sendo dito que o Direito é uno e indivisível, indecomponível. O Direito deve ser definido e estudado como um grande sistema, em que tudo se harmoniza em conjunto. A divisão em ramos do Direito é meramente didática, a fim de facilitar o entendimento da matéria, vale dizer: questão de convivência acadêmica.

Ou seja, é preciso entender ordenamento jurídico, princípios e direitos fundamentais para proteger a própria autonomia e princípios privados da cadeia esportiva. O problema da regulação como freio à manifestação política não é exclusivo do movimento olímpico. Ele se apresenta também na cadeia esportiva do futebol.

### 4.4.2 FIFA E A NEUTRALIDADE ESPORTIVA

A estrutura associativa do futebol também usa da força coercitiva como instrumento para manter-se neutra para aquilo que chama de "manifestação política". Dentro desse ideal, diferentes entidades do movimento repetem em seus regulamentos internos o que a entidade maior do futebol já traz.

A FIFA é, oficialmente, entidade neutra em questões de política e religião, fazendo constar expressamente em seu próprio Estatuto, documento maior da entidade, conforme seu artigo 4 e, principalmente, exige de seus membros associados que assim também o sejam, como expresso no artigo 15.a.

A saber, o que trazem os artigos 4.2 e 15 do Estatuto[33]:

> 4.2 – *La FIFA se declara neutral en materia de política y religión. Se contemplan excepciones en los casos que afecten a los objetivos estatutarios de la FIFA.*
> 15.a – *declaración de neutralidad en cuanto a política y religión;*

A partir da regra adotada pela FIFA, outras entidades da cadeia também reforçam para os associados a necessidade de neutralidade em seus regulamentos. A própria CBF trazia já no primeiro artigo do Regulamento Geral de Competições (RGC) de 2022 a proibição de manifestações políticas.

Diz o RGC[34]:

*Art. 1º – Este RGC foi elaborado pela CBF no exercício da autonomia constitucional desportiva para concretizar os princípios da integridade, ética, continuidade e estabilidade das competições, do fair play (jogo limpo) desportivo, da imparcialidade, da verdade e da segurança desportiva, buscando assegurar a imprevisibilidade dos resultados, a igualdade de oportunidades, o equilíbrio das disputas e a credibilidade de todos os atores e parceiros envolvidos.*

> *§ 1º – As competições nacionais oficiais do futebol brasileiro exigem de todos os intervenientes colaborar de forma a prevenir comportamentos antidesportivos, bem como violência, dopagem, corrupção, manifestações político-religiosas, racismo, xenofobia ou qualquer outra forma de discriminação.*

É importante destacar aqui que tais determinações das entidades visando a "neutralidade política" não são específicas e

---

[33] Em https://digitalhub.fifa.com/m/14c7395219f80994/original/hdkaolpj72hvi-3piebfq-pdf.pdf.
[34] Em https://conteudo.cbf.com.br/cdn/202201/20220119213940_390.pdf.

detalhadas o suficiente para que seja possível determinar com segurança que tipo de manifestação política é vedada: política partidária, política interna de clubes, política interna da CBF, política em defesa de direitos humanos?

Como não há especificidade, a interpretação pode abranger todos estes aspectos e ampliar a restrição das manifestações das torcidas. A aplicação da norma acaba sendo subjetiva, e muitas vezes ela é usada para atacar uma necessária proteção de direitos humanos, como veremos adiante.

Agora, o Estado brasileiro também atuou a favor da ideia de um esporte "neutro politicamente". A Lei n°10.671/2003 (Estatuto do Torcedor) prevê como condição de acesso e permanência do torcedor no recinto desportivo a não utilização de bandeiras para outros fins que não o da manifestação festiva e amigável.

Esta determinação está disposta no artigo 13-A, inciso X da Lei, que foi incluído pela Lei n°12.663/2012, a Lei Geral da Copa. A saber[35]:

> *Art. 13-A. São condições de acesso e permanência do torcedor no recinto*
> *X – não utilizar bandeiras, inclusive com mastro de bambu ou similares, para outros fins que não o da manifestação festiva e amigável. (Incluído pela Lei nº 12.663, de 2012).*

Esta Lei, inclusive, foi contestada em Ação Direta de Constitucionalidade n° 5.136, sob o argumento de limitar a liberdade de expressão, contrariando a Constituição Federal que garante a livre manifestação de pensamento no artigo 5°, IV.

Na ocasião, o Supremo Tribunal Federal (STF) rejeitou o argumento e considerou-a constitucional, entendendo válida a limitação imposta pela Lei, "ponderação do legislador para limitar manifestações que tenderiam a gerar maiores conflitos e atentar

---

[35] Em http://www.planalto.gov.br/ccivil_03/leis/2003/l10.671.htm.

contra a segurança dos participantes de evento de grande porte". Escreveu o relator, o Ministro Gilmar Mendes:

> As restrições impostas pelo art. 28 da Lei Geral da Copa parecem enquadrar-se nesses três requisitos. Trata-se de limitação específica aos torcedores que comparecerão aos estádios em evento de grande porte internacional que reúne pessoas de diversas nacionalidades e que, portanto, precisa contar com regras específicas que ajudem a prevenir confrontos em potencial. O legislador, no caso, a partir de juízo de ponderação, parece ter objetivado limitar manifestações que tenderiam a gerar maiores conflitos e a atentar não apenas contra o evento em si, mas, principalmente, contra a segurança dos demais participantes. (BRASIL, 2014, n. p.).

No entanto, a decisão não foi unânime. O então Ministro Joaquim Barbosa afirmou que, "se outros direitos forem respeitados, não há razão para restringir a expressão do público nos jogos da Copa ao que os organizadores e o governo entendem como adequado, mas a expressão deve ser pacífica, não impedir que outros assistam às partidas"[36].

De fato, os demais incisos do artigo 13-A já fazem referência às limitações ao exercício da liberdade de expressão reconhecidos pela própria Constituição Federal e por tratados internacionais, tais como a proibição de portar ou ostentar cartazes, bandeiras, símbolos ou outros sinais com mensagens ofensivas, inclusive de caráter racista ou xenófobo.

Como se observa por meio de importante reflexão da instância máxima do Poder Judiciário brasileiro, a discussão não é tranquila. Ela normalmente apresenta caminhos e leituras divergentes e inteligentes. Agora, se a manifestação do torcedor não incluir mensagens ofensivas, mas única e exclusivamente uma posição política, inclusive em defesa de direitos humanos, qual a justificativa para a proibição à luz da Constituição Federal?

---

[36] Em https://www.conjur.com.br/dl/acordao-lei-copa.pdf.

# 4 DIREITO, COERÇÃO E NEUTRALIDADE

A história mostra que a relação entre liberdade de expressão, neutralidade e política com o esporte é antiga e conflituosa. Separar esporte e política é sempre um exercício difícil, como veremos em grandes e tristes episódios do esporte mundial.

## 4.5 ESPORTE E MANIFESTAÇÕES POLÍTICAS

Esporte não se separa da vida. Ele é uma manifestação cultural, presente no dia a dia de todos. Afeta economia, humor das pessoas, catalisa transformações sociais. Ele cria conceitos, e se torna exemplo. Resumir o esporte aos limites do campo, de uma pista ou piscina é não entender seu verdadeiro tamanho.

Os números, a ciência, a análise tática e a experiência no jogo até ajudam a explicá-lo, mas não são capazes de enxergar até onde ele é capaz de ir.

O esporte e a história caminham juntos, nem sempre por terrenos tranquilos. Ele foi — e é — usado como vínculo de identidade de nações em vários lugares do mundo. Com histórias fantásticas, tristes ou animadoras, todas destacando a relação permanente do jogo com a política.

### 4.5.1 OLIMPÍADAS

A história dos jogos olímpicos modernos traz muitos momentos em que questões políticas influenciaram diretamente o evento. Pelo interesse global que gera, os Jogos Olímpicos são atingidos diretamente por questões envolvendo política externa e interna, apresentando histórias de boicotes, manifestações e até de atentado.

Em 1956, nos Jogos de Melbourne, a Guerra Fria atacou diretamente uma Olimpíada pela primeira vez. Espanha, Países Baixos e Suíça não mandaram delegação por conta da invasão soviética na Hungria, que colocou a Europa em estado permanente de atenção diante do avanço da antiga União Soviética[37].

Já Egito, Iraque e Líbano, envolvidos na guerra com Israel pelo Canal de Suez não foram aos Jogos em função da participação anglo-francesa no conflito. Além disso, a briga entre China e Taiwan fez com que a primeira se recusasse a comparecer devido à presença da segunda, num conflito que demoraria 28 anos para ser resolvido.

Nos jogos de Munique em 1972, um atentado chocou o mundo. As Olimpíadas entraram para a história também em razão da ação terrorista que o grupo palestino **Setembro Negro**[38] promoveu dentro da Vila Olímpica contra a delegação de atletas de Israel. Tal ação começou com um plano de sequestro e terminou no massacre de onze atletas judeus.

Em Montreal, 1976, o Apartheid, regime de segregação racial na África do Sul, determinou um boicote aos Jogos. Um grupo de 32 países[39], a maioria africanos, decidiu não participar como protesto ao fato da seleção de rúgbi da Nova Zelândia, os famosos All Blacks, ter feito uma excursão em território sul-africano.

Já os Jogos Olímpicos de Moscou em 1980[40] foram os que sofreram com o maior entre todos os boicotes da história. Os Estados Unidos lideraram 62 países, todos capitalistas, que se recusaram a participar da Olimpíada em protesto à invasão do Afeganistão pela União Soviética, ocorrida em 1979. O presidente estadunidense na época, Jimmy Carter, chegou a ameaçar cassar o passaporte de algum atleta do país que ousasse desafiar o boicote.

---

[37] Em https://operamundi.uol.com.br/grandes-momentos-olimpicos/40356/melbourne-1956-hungaros-usam-semifinal-de-polo-contra-urss-para-vingar-invasao-sovietica-de-budapeste.
[38] Em https://www.dw.com/pt-br/1972-atentado-na-vila-ol%C3%ADmpica-em-munique/a-622972.
[39] Em https://www.dn.pt/arquivo/2008/montreal-1976---os-jogos-do-boicote-995903.html.
[40] Em https://agora.folha.uol.com.br/esporte/2021/07/boicote-americano-marca-as-olimpiadas-de-moscou-1980.shtml.

4 DIREITO, COERÇÃO E NEUTRALIDADE

Quatro anos depois, em 1984, na cidade de Los Angeles, foi a vez da União Soviética[41] e o bloco socialista boicotarem os jogos nos Estados Unidos em represália. Ao todo, 14 países ficaram de fora dos Jogos, alegando falta de segurança para suas delegações.

Por fim, no ano de 1988, em Seul, a Coreia do Norte[42] quis sediar algumas provas da Olimpíada que aconteceria em seu homônimo capitalista. A ideia dos socialistas foi recusada pelos sul-coreanos e pelo Comitê Olímpico Internacional (COI). Por isso, os norte-coreanos decidiram boicotar os Jogos em protesto e foram acompanhados por Cuba, Nicarágua, Etiópia, Madagascar e Ilhas Seychelles.

### 4.5.2 FUTEBOL E POLÍTICA

No futebol, são muitos os exemplos em que o esporte foi usado como instrumento político de governos autoritários. Em alguns deles, a história registra momentos que mostram como, apesar da força opressiva do poder, ele serviu como instrumento de resistência.

Se na Itália campeã mundial de 1934 e 1938, os jogadores italianos tinham que saudar o fascista Mussolini[43], a nazista Alemanha não tolerou a "vergonha" da sua seleção ser derrotada por um time ucraniano.

A história do Start FC é fantástica. O time formado por ex-jogadores do Lokomotiv e do Dínamo de Kiev, muitos deles ex-prisioneiros na Segunda Guerra Mundial, começou a se destacar. Isso incomodou os nazistas. O time da Força Aérea Alemã desafiou o Start[44]. Vencer poderia significar a morte. Eles sabiam,

---

[41] Em https://memoriaglobo.globo.com/esporte/olimpiada-de-los-angeles-1984/noticia/olimpiada-de-los-angeles-1984.ghtml.
[42] Em http://jornalznorte.com.br/esportes/coreia-norte-desiste-de-olimpiada-devido-covid-19-e-frustra-seul/.
[43] Em https://educacao.uol.com.br/disciplinas/historia/futebol-e-nazi-fascismo-esporte-serviu-propaganda-de-mussolini-e-hitler.htm.
[44] Em https://brasil.elpais.com/cultura/2021-12-12/a-verdadeira-historia-do-jogo-de-futebol-que-envergonhou-os-nazistas.html.

mas decidiram honrar a pátria, a dignidade e as chuteiras e venceram o jogo. Na vitória sobre a segregação nazista, os jogadores foram presos e quatro deles foram assassinados. Um monumento na Ucrânia conta essa história.

O poder soviético também trouxe vítimas para o esporte. Kubala, Puskas e Kocsis jogaram por times do exílio húngaro e foram punidos pela poderosa FIFA[45].

Outro episódio importante vem da África. Na Guerra da Independência contra a França[46], a Argélia montou uma seleção de futebol que vestiu a camisa do país pela primeira vez, com argelinos que ganhavam a vida jogando no país colonizador. Só Marrocos topou enfrentar um time que representava o sentimento de uma nação. A seleção marroquina foi desfiliada pelo movimento esportivo, e os jogadores argelinos não mais jogaram profissionalmente.

Na Espanha, o ditador Ferdinando Franco (de 1938 a 1973) também usava o futebol para faturar politicamente[47]. O poderoso Real Madrid, que reinou no mundo entre 1956 e 1960, era um cartão de visita da ditadura. O Barcelona era a resistência.

A obrigatoriedade do castelhano no governo de Franco, centralizado em Madri, mudou até o nome do clube da Catalunha: o Fútbol Club Barcelona virou Club de Futebol Barcelona. Mas nem sempre os impactos da política no futebol eram tão sutis quanto uma simples reorganização de palavras. Em 1936, o Barcelona viu seu presidente Jose Sunyol ser fuzilado por forças franquistas.

O presidente do clube morreu pelas balas franquistas. O time catalão se tornou peregrino, assim como o presidente morto. Os dois eram símbolos da resistência democrática para o mundo.

E seriam muitos os outros exemplos do futebol atuando em movimentos sociais importantes. Como já escreveu Nelson

---

[45] Em https://leiemcampo.com.br/crise-politica-na-espanha-paralisa-ate-craques-do-futebol.
[46] Em https://ceiri.news/a-utilizacao-do-futebol-na-independencia-da-argelia/.
[47] Em https://www.uol.com.br/esporte/futebol/ultimas-noticias/2015/02/28/como-a-ditadura-fez-o-modesto-real-madrid-se-transformar-num-gigante.htm.

Rodrigues: *"No futebol, a pior cegueira é só enxergar a bola"*[48]. No futebol e em vários outros esportes. Na sequência, três casos marcantes sobre esporte e política.

### 4.5.3 CASO JESSE OWENS

A discussão não é nova. Em vários momentos o esporte foi também um catalisador de transformações sociais importantes, combatendo o preconceito e levantando bandeiras necessárias. Um dos mais simbólicos aconteceu durante o nazismo na Europa.

Em 1936, nas Olimpíadas de Berlim, Adolf Hitler usou os jogos como uma estratégia de propaganda do regime nazista, a do discurso da "supremacia ariana". Mas ele não contava com o negro Jesse Owens, que conquistou quatro medalhas de ouro e foi o grande nome dos jogos na Alemanha.

Levar a Olimpíada para um país que usava a prática da segregação e o discurso da supremacia seria um erro histórico do esporte. Mas a verdade é que o problema foi manter os jogos em Berlim. A escolha da sede aconteceu em 1931, para os jogos que aconteceriam 5 anos depois. A ideia era fazer com que os jogos que celebram o esporte e a integração ajudassem a recolocar a Alemanha no cenário internacional, já que o país ainda sofria com as consequências da Primeira Guerra Mundial.

Com a ascensão de Hitler ao poder em 1933 e com o discurso que ele carregava, alguns países como França, Suécia, Holanda e Estados Unidos chegaram a pedir o cancelamento dos jogos, mas o Comitê decidiu continuar com o programado.

Antes mesmo dos jogos, Hitler já colocava em prática sua política de extermínio. Atletas não arianos, quando não eram assassinados ou forçados a deixar o país, eram relegados por uma política que, a partir de 1933, privilegiou esportistas que representavam o ideal almejado pelo ditador: branco, de ascendência

---

[48] https://www.torcedores.com/noticias/2015/02/20-frases-inspiradoras-mundo--futebol.

alemã e, se possível, com corpo que remetesse às esculturas clássicas gregas[49].

Dessa forma, judeus e ciganos, dentre outros, foram afastados do esporte formal na Alemanha. Em abril de 1933, a política intitulada "somente para arianos" foi instituída em todas as organizações atléticas alemãs. Os atletas "não-arianos" foram sistematicamente excluídos das instalações e associações esportivas germânicas.

A Associação de Boxe Alemã expulsou de suas fileiras o campeão amador Erich Selei por ser judeu (Selei posteriormente retomaria sua carreira nos Estados Unidos). Outro atleta judeu, Daniel Prem, o tenista mais bem colocado no *ranking* alemão, foi retirado da equipe na Copa Davis; e a judia Gretel Bergmann, atleta de salto de altura de nível internacional, foi expulsa de seu clube alemão em 1933 e da equipe olímpica alemã em 1936[50].

O historiador Kimon Speciale Ferreira indica em Os Jogos Olímpicos de 1936 e a Busca da Perfeição Atlética que:

> No ano de 1933, ninguém estava plenamente ciente a respeito da posição dos nazistas sobre os esportes, contudo **Hitler** (grifo nosso) já havia apresentado forte intenção de realizar uma grande política voltada ao desenvolvimento das práticas corporais. Era seu desejo institucionalizar a cultura física no processo educacional alemão, através da crença de que a noção de uma cultura física compete ao Estado, e não ao próprio indivíduo. (FERREIRA, 2007, p. 2).

Mesmo com esportistas de diversos países anunciando que boicotariam a competição, a decisão tomada pelo Sindicato dos Atletas Amadores dos Estados Unidos, em 1935, de participar dos Jogos foi decisiva para que mais boicotes não surgissem e, possivelmente, comprometessem o evento.

---

[49] Em https://aventurasnahistoria.uol.com.br/noticias/reportagem/historia-jesse-owens-hitler.phtml.
[50] Em https://encyclopedia.ushmm.org/content/pt-br/article/the-nazi-olympics-berlin-1936.

## 4 DIREITO, COERÇÃO E NEUTRALIDADE

Os jogos aconteceram recebendo equipes de 49 nações. Como era de se esperar, a maior foi a alemã, com 348 atletas, seguida dos Estados Unidos, com 312 integrantes — 18 deles negros, como o próprio Owens. O Brasil esteve representado por 94 atletas, que não ganharam medalha.

Owens foi o grande personagem dos Jogos. Ele subiu ao ponto mais alto do pódio nas provas de 100 metros rasos, salto em distância, 200 metros rasos e corrida de revezamento 4x100 metros, mostrando para o ditador e para o mundo que a tal "supremacia física e intelectual ariana" existia apenas em sua cabeça. Não bastassem as medalhas douradas, ele ainda estabeleceu recordes mundiais nos 200 metros e no salto em distância.

Tal feito do rapaz de 22 anos era muito para Hitler, que viu seu discurso desmoralizado por um atleta negro e diante de uma multidão. Mesmo assim, ele resistiu.

Depois das vitórias, uma cena que também foi contada e recontada à exaustão: Hitler teria ignorado Jesse Owens e se recusado a cumprimentá-lo. Em entrevista ao jornal The New York Times em 1970, o medalhista explica o que aconteceu. "Depois de descer do pódio, passei em frente da tribuna de honra para voltar aos vestiários. Ele me viu e me acenou com a mão. Eu, feliz, respondi a sua saudação. Jornalistas e escritores relataram sobre uma hostilidade que nunca existiu"[51].

Para Owens, esporte era esporte. "Eu não queria fazer parte da política. E eu não estava em Berlim para competir contra nenhum atleta. O objetivo das Olimpíadas, de qualquer maneira, era fazer o seu melhor", disse em frase reproduzida em seu obituário publicado no jornal americano The New York Times. "Eu olhava a chegada e sabia que 10 segundos seriam o clímax de um trabalho. Por que, então, deveria me preocupar com Hitler?".[52]

---

[51] Em https://www.uol.com.br/esporte/reportagens-especiais/jesse-owens-calou--hitler-mas-foi-obrigado-a-correr-contra-animais-para-comer/#page3.
[52] Em https://www.uol.com.br/esporte/reportagens-especiais/jesse-owens-calou--hitler-mas-foi-obrigado-a-correr-contra-animais-para-comer/#page3.

Se, na Alemanha, Owens triunfou sobre a barbárie, quando regressou aos Estados Unidos, porém, nem as quatro medalhas de ouro que carregava no peito foram suficientes para impedir que uma realidade brutal logo voltasse à tona.

Depois de desfilar por Nova York, onde foi recebido por chuvas de papeis picados, muitos aplausos e calorosas saudações, Owens imediatamente voltou a sentir o preconceito também no seu país[53].

O atleta, ao colocar os pés num suntuoso hotel onde seria homenageado por autoridades, logo foi orientado para que utilizasse o elevador de serviço. Nem toda a glória do mundo seria capaz de solapar o racismo: os elevadores sociais só podiam ser usados pelos brancos e Owens não seria a exceção.

### 4.5.4 PANTERAS NEGRAS

Entre os movimentos políticos que marcaram presença nos Jogos Olímpicos, o mais marcante provavelmente foi o dos Panteras Negras em 1968, no México. O braço levantado e o punho fechado simbolizam ainda hoje a luta contra o preconceito. No esporte, o gesto veio como resposta do movimento esportivo à "neutralidade".

Os Panteras Negras foram um grupo político surgido em Oakland, Califórnia, nos anos 1960, que advogava a emancipação e o direito de autodefesa dos negros nos Estados Unidos. Esse grupo surgiu no contexto do movimento pelos direitos civis dessa parcela da sociedade estadunidense, sendo muito perseguido pelo governo do país[54].

Vivendo os negros sob opressão e em um regime ainda segregacionista em grande parte do país, os Estados Unidos estavam sob tensão social. Vários personagens do mundo da música, da literatura, do cinema e do esporte se engajaram em momentos de

---

[53] Em https://www.uol.com.br/esporte/reportagens-especiais/jesse-owens-calou-hitler-mas-foi-obrigado-a-correr-contra-animais-para-comer/#cover.
[54] Em https://mundoeducacao.uol.com.br/historia-america/panteras-negras.htm.

combate ao racismo e pela igualdade racial. Entre eles, dois corredores que foram ao México[55].

Os estadunidenses Tomie Smith e John Carlos se destacaram nos jogos e ganharam as medalhas de ouro e bronze nos 200 metros rasos do atletismo. No pódio, Smith, que ganhou a medalha de ouro estabelecendo novo recorde mundial da prova (19s83), e Carlos, que ficou com a de bronze, protestaram contra a discriminação racial nos EUA. Em silêncio, na hora do hino, baixaram a cabeça, levantaram os braços e cerraram os punhos vestidos com luvas pretas. O gesto silencioso era a saudação dos Panteras Negras e foi sentido em todo o mundo, especialmente pelo movimento esportivo.

O que talvez seja desconhecido da imensa maioria das pessoas é a história do terceiro homem a subir naquele pódio.

Junto a Tomie Smith e John Carlos estava o australiano Peter Norman, um homem branco que ficou em segundo lugar na prova. Naquela noite, o corredor fez os 200 metros em 20,06 segundos, recorde nacional da Austrália para a modalidade. Ele não é negro e não ergueu o punho, mas usou o distintivo da OPHR (Projeto Olímpico pelos Direitos Humanos, entidade da qual os estadunidenses faziam parte) no pódio como forma de demonstrar apoio ao protesto dos companheiros norte-americanos em defesa de direitos humanos[56].

Nesse período, a Austrália também vivia um momento de tensão social. Havia grande violência racista contra os aborígenes, população nativa da ilha continental. Em função da solidariedade ao gesto dos companheiros de pista, Norman também acabou relegado ao esquecimento pelas autoridades e se tornou alcoólatra. Mesmo décadas depois, nas Olimpíadas de Sidney 2000, nenhuma homenagem foi feita ao recordista nacional. Tomie Smith e John Carlos estiveram em seu funeral, em 2006[57].

---

[55] Em https://esportes.r7.com/olimpiadas/gesto-dos-panteras-negras-resiste-meio-seculo-apos-mexico-1968-23082021.
[56] Em https://piaui.folha.uol.com.br/materia/o-terceiro-homem/.
[57] Idem.

O gesto dos atletas estadunidenses virou símbolo da luta antirracista dentro do esporte e trouxe as consequências imediatas que não foram boas para os corredores, ao menos no âmbito esportivo. Como o Comitê Olímpico Internacional veta que os atletas realizem gestos políticos nos jogos em nome da "neutralidade", Smith e Carlos acabaram expulsos dos Jogos do México e suas medalhas foram cassadas. Além disso, os atletas também receberam críticas severas da imprensa dos EUA e da parcela branca da população.

Os dois atletas nunca mais puderam competir. Smith enfrentou sérios problemas financeiros e só arrumou emprego como lavador de carros. Para vencer as adversidades, o ex-corredor investiu em conhecimento. Mergulhou nos livros, concluiu o curso de sociologia e se tornou professor, com PhD em sociologia do esporte.

Em entrevista ao canal Sportv em 2009, ele disse "[...] de fato, acredito que ações falam mais alto que as palavras. Se você quer fazer alguma mudança, você tem que agir para que a mudança aconteça. E, uma vez que ela aconteça, você tem que lutar para que ela continue" (JORNAL DA GLOBO, 2009).

### 4.5.5 MUNDIAL DE RÚGBI

Um exemplo em que esporte e política se encontram como ferramenta de inclusão e proteção de direitos humanos vem justamente da África do Sul. O país, que viveu um dos momentos de segregação mais tristes da história, usou o esporte como aliado para o necessário entendimento entre as pessoas de diferentes raças no país.

O personagem principal dessa história é Nelson Mandela, que foi preso em função do *Apartheid* e depois foi eleito presidente do país. Mandela teve o rúgbi como aliado para unir um país ferido e dividido. A conquista (até então inédita) do mundial pelos Springboks (nome que leva a seleção sul-africana) recolocou o país no cenário esportivo internacional, e internamente começou a curar graves feridas provocadas por um regime de exclusão[58]. A história mostra o papel político do esporte e a natureza transnacional do Direito Esportivo.

Para conhecer a posição de entidades como a FIFA e o COI naquele momento do país sul-africano é importante reforçar como o sistema transnacional do esporte se organiza. Ele se alimenta de ordenamentos jurídicos privados e autônomos em relação ao Estado.

Muito embora no Direito Esportivo normas de origem estatal e privada se relacionem, nem sempre se entendendo, o pluralismo horizontal desse sistema é evidente. As regras da entidade que cuida do jogo limitam o poder do Estado. E esse poder foi o que fez com que o mundo do esporte dissesse "não" à África do Sul por longos anos.

Apartheid significa "vidas separadas". Ou seja, o regime implementado pela África do Sul não permitia o convívio entre brancos e negros, negando a estes direitos sociais, econômicos e políticos[59].

A segregação era um problema histórico no país, e vinha desde o século XVII, quando a África do Sul foi colonizada pelos europeus. Mas, em 1948, ele foi institucionalizado por meio de lei. O governo, controlado pelos brancos de origem inglesa e holandesa, criava leis que favoreciam os brancos. Para os negros, as leis tratavam de privação, exclusão e controles sociais.

A política interna do Apartheid levou a África do Sul ao isolamento internacional, e o esporte precisava se posicionar.

Quando o Apartheid foi institucionalizado, em 1948, a África do Sul tinha quatro ligas de futebol separadas: uma branca, uma negra, outra mulata e uma indiana. Na seleção nacional, só brancos podiam jogar. A regra que impedia contratações inter-raciais caiu em 1956, mas, na prática, não funcionou.

---

[58] Em https://leiemcampo.com.br/25-anos-de-um-titulo-mundial-que-uniu-um-pais-dividido-e-salvou-vidas/.
[59] Em https://www.suapesquisa.com/o_que_e/apartheid.htm.

Negros e brancos continuavam separados. Mesmo assim, o esporte ainda não havia se manifestado. Até que, em 1960, 69 negros morreram e 180 ficaram feridos durante um protesto em Sharperville, quando a polícia abriu fogo contra manifestantes. Logo depois, o movimento negro Congresso Nacional Africano (CNA) foi banido[60].

Em 1961, a FIFA suspendeu a África do Sul de todas as competições internacionais. O Comitê Olímpico foi além, e em agosto de 1964 expulsou o país do seu quadro de entidades associadas.

Em 1976, como a situação seguia igual, a FIFA decidiu também banir a África do Sul de seus quadros. Era o movimento esportivo se posicionando diante de um problema social grave. Com o isolamento, gerações de atletas sul-africanos acabaram alijados das principais competições esportivas e tiveram as carreiras prejudicadas de maneira definitiva.

A luta foi difícil. O Apartheid só terminou no dia 17 de março de 1991, durante governo do presidente Frederick de Klerk. Ele sucumbiu diante da escassez do domínio branco no país, da volta do Congresso Nacional Africano, das intensas manifestações contra o sistema e da pressão internacional, na qual o esporte foi um agente importante.

Com o fim do Apartheid, o movimento esportivo recebeu a África do Sul de volta. Em 1992, o país participou da Olimpíada de Barcelona, depois de 28 anos de afastamento. Mas o esporte não apenas reintegrou a África do Sul ao movimento esportivo, ele também serviu como ponte de união em um país completamente dividido e machucado pelos anos de separação racial. É nesse momento que Nelson Mandela entra em cena.

Em 1994, o negro Nelson Mandela, que passou 27 anos na prisão por conta do Apartheid, foi eleito presidente da África do Sul. O líder político precisou do esporte nesse momento de união nacional. Em 1995, ele levou para o país a Copa do Mundo de

---

[60] Em https://g1.globo.com/mundo/noticia/2021/12/26/entenda-o-que-foi-o-regime-racista-do-apartheid-e-como-ele-foi-derrubado.ghtml.

## 4 DIREITO, COERÇÃO E NEUTRALIDADE

rúgbi, um esporte que sempre foi popular na África do Sul, mas praticado quase que exclusivamente pela elite branca.

Naquele time dos Springboks havia apenas um negro, o ponteiro Chester Williams.

Quando entrou no time, Williams disse em entrevista à agência Efe que sofria preconceito dos próprios colegas: "havia apelidos e algumas piadas ofensivas, mas só no começo. Todos viram minhas habilidades, e formamos um time"[61].

No governo, Mandela, de maneira inteligente, se aproximou dos líderes brancos da seleção, como o capitão Pienaar. A África do Sul ganhou a Copa do Mundo em 1995, em uma final emocionante contra os All Blacks, a seleção da Nova Zelândia.

Mandela e Pienaar ergueram juntos o troféu de campeão mundial de rúgbi, no superlotado Ellis Park, em Joanesburgo. A imagem dos dois com a taça foi mais um símbolo da união e dos novos tempos de paz. O filme "Invictus", com Matt Damon e Morgan Freeman nos papéis de Pienaar e Mandela, retrata a importância dessa conquista.

"Eu percebi o impacto que aquele esporte poderia causar, tamanha era a importância dele para o país. E principalmente porque o esporte fala uma língua que é entendida por todos, e em todas as partes do mundo", disse Mandela naquele momento histórico[62].

A conquista foi fundamental para reaproximar brancos e negros afastados de maneira cruel e violenta pelo Apartheid. Com a inteligência de um líder que entendeu o momento de diálogo e união, Mandela evitou confrontos tendo o esporte como aliado e, com isso, poupou vidas.

---

[61] Em http://www.espn.com.br/noticia/451769_apos-20-anos-as-pessoas-se--acostumaram-a-ver-negros-no-rugby-celebra-lenda-sul-africana.
[62] Em https://ge.globo.com/programas/esporte-espetacular/ep/rugbi/todos--por-um/noticia/momento-historico-em-1995-mandela-usa-a-copa-do-mundo--de-rugbi-para-unir-a-africa-do-sul.ghtml.

O esporte é surpreendente. Pelo que consegue fazer em um campo, numa pista, ou numa quadra, mas também pela capacidade de transformar o que está ao redor. Ele ajudou a África do Sul não só internamente, mas também internacionalmente, removendo estereótipos negativos do país e reforçando compromissos assumidos pós-Apartheid.

Havia uma nova África do Sul, muito bem recebida pelo movimento esportivo e se reencontrando com a necessária proteção de direitos humanos.

# 5 DIREITOS HUMANOS DO ESPORTE

Para entender os direitos humanos como elemento intrínseco dentro do universo esportivo, é fundamental refletir sobre princípios como o da dignidade humana. A partir daí, podemos avançar na autorregulação esportiva que reforça compromisso indissociável com a proteção de direitos humanos.

## 5.1 DECLARAÇÃO UNIVERSAL DOS DIREITOS HUMANOS

Já no preâmbulo da Declaração Universal dos Direitos Humanos, uma carta mundial de princípios que servem de base para uma construção jurídica que reforce compromissos inegociáveis, a importância da proteção da dignidade humana se torna elemento fulcral. Está escrito:

> Considerando que **o reconhecimento da dignidade** inerente a todos os membros da família humana e dos seus direitos iguais e inalienáveis constitui o fundamento da liberdade, da justiça e da paz no mundo; [...] que o desconhecimento e o desprezo dos direitos do homem conduziram a atos de barbárie que revoltam a consciência da Humanidade e que o advento de um mundo em que os seres humanos gozem de liberdade de palavra e de crença, libertos do terror e da miséria, foi proclamado como a mais alta aspiração do homem; ... que é essencial a proteção dos direitos do homem através de um regime de direito, para que o homem não seja compelido, em supremo recurso, à revolta contra a tirania e a opressão; [...] que **é essencial encorajar o desenvolvimento de relações amistosas entre as nações**; considerando que,

na Carta, aos povos das Nações Unidas proclamam, de novo, a sua fé nos direitos fundamentais do homem, na **dignidade e no valor da pessoa humana**, na **igualdade de direitos dos homens e das mulheres** e se declararam resolvidos a favorecer o progresso social e a **instaurar melhores condições de vida dentro de uma liberdade mais ampla**; [...] que os Estados membros se comprometeram a promover, em cooperação com a Organização das Nações Unidas, o respeito universal e efetivo dos direitos do homem e das liberdades fundamentais. (ONU, 1948, n. p.).

A Declaração Universal de Direitos Humanos (DUDH) foi proclamada na Assembleia Geral da Organização das Nações Unidas (ONU), na sua Resolução 217A(III) de 10 de dezembro de 1948. Ela nasceu da necessidade de dar uma resposta que pudesse trazer um pouco de tranquilidade aos povos diante do terror que se abateu sob a comunidade internacional durante a Segunda Guerra Mundial (1939-1945).

A guerra trouxe ao cotidiano dos povos o medo e a preocupação com a garantia do respeito aos Direitos Humanos. A sociedade passou a entender como necessária a proteção diante de absurdos vividos e experimentados pela humanidade sob o verniz de supostas verdades científicas e da ideologia nazifascista.

Conforme ensina Norberto Bobbio, "os direitos do homem são direitos históricos, que emergem gradualmente das lutas que o homem trava por sua própria emancipação e das transformações das condições de vida que essas lutas produzem" (BOBBIO, 1992, p. 32).

A Declaração Universal dos Direitos Humanos está estruturada de modo que o 1°, o 2° e o 3° artigos, fundamentam todos os demais, do 4° ao 21°, se agrupam os artigos referentes aos direitos civis e políticos e, por fim, do 22° ao 30°, os artigos que sustentam os direitos econômicos, sociais e culturais[63].

A ideia de que "todos os seres humanos nascem livres e iguais em dignidade e em direitos. Dotados de razão e de consciência,

---

[63] Em https://www.unicef.org/brazil/declaracao-universal-dos-direitos-humanos.

devem agir uns para com os outros em espírito de fraternidade" não deve ser entendida apenas como uma proclamação de propósitos, mas como um instrumento consensual que sinaliza caminhos indispensáveis, que devem nortear ordenamentos jurídicos, políticos, econômicos e culturais para a proteção dos Direitos Humanos nos Estados signatários (BOBBIO, 1992).

Como ensina Wilde, (2007, p. 107) "significa que as pessoas, mesmo sendo muito diferentes, têm valor igual. Uma sociedade baseada nos direitos humanos é aquela em que as diferenças entre indivíduos não querem dizer que fazem jus a direitos diferentes".

Entretanto, alguns pensadores entendem que, por se tratar de uma declaração, ela não possui força vinculante. No entanto, seria um instrumento de princípios, alicerce de base regulatória para as nações.

Escreve Fábio Konder Comparato (2013) que se trata de excesso de formalidade sustentar que a Declaração Universal de Direitos Humanos não dispõe de força vinculante, pois os Direitos Humanos vigoram mesmo sem declarações em constituições, tratados internacionais ou leis, por versarem sobre obrigação de respeito à dignidade humana, diante de poderes estabelecidos, oficiais ou não.

Como base da DUDH, encontram-se as noções de universalidade e indivisibilidade dos Direitos Humanos. Universalidade por referir-se ao conjunto da humanidade e a cada ser humano em particular, à comunidade de nações e a cada nação em si, afirmando princípios universais de direitos à vida, à liberdade, à igualdade em dignidade e direitos.

Ao lado de seu caráter universal, os Direitos Humanos são indivisíveis. O reconhecimento gradual do princípio da indivisibilidade nasce da preocupação de que, sem a efetividade dos direitos econômicos, sociais e culturais, os direitos civis e políticos se reduzem a meras categorias formais. Ao passo que, sem a realização dos direitos civis e políticos, ou seja, sem a efetividade da liberdade entendida em seu mais amplo sentido, os direitos econômicos, sociais e culturais carecem de verdadeira significação.

Escreve Trindade (1990, p. 15):

> Recorde-se, a esse propósito, a existência – dentre os direitos humanos em geral – de um núcleo de direitos fundamentais que [...] não admitem qualquer tipo de derrogação. Tal núcleo de direitos básicos de caráter inderrogável, cuja existência constitui hoje não apenas fruto de uma corrente doutrinária, mas sobretudo uma conquista definitiva da civilização, comporta hoje, e.g., os direitos à vida, à não ser submetido à tortura ou escravidão, à não ser condenado por aplicação retroativa das penas. [...] Não surpreende, assim, que o concurso dos fatos supracitados [...] tenha levado, nas duas últimas décadas, ao gradual reconhecimento generalizado da necessidade de reconsideração da dicotomia entre os direitos civis e políticos e os direitos econômicos, sociais e culturais.

No caminho de universalização desses direitos, duas conferências têm papel importante.

A I Conferência Mundial de Direitos Humanos, que aconteceu em Teerã no ano de 1968, fortaleceu o princípio da universalidade e a asserção da indivisibilidade dos Direitos Humanos, representando, assim, sua fase histórica legislativa, na qual a internacionalização desses direitos, obtida com a Declaração Universal dos Direitos Humanos, deu face à sua globalização.

Já a II Conferência Mundial de Direitos Humanos, realizada em Viena, 1993, discutiu experiências e examinou problemas para aprimorar instrumentos e dotá-los de maior eficácia dentro dos imperativos da universalidade e indivisibilidade afirmados em Teerã e consagrados em Viena. Ela representou, portanto, a fase histórica da implementação dos Direitos Humanos, na qual a sua globalização foi acrescida da consagração da indivisibilidade.

A Declaração da ONU é um documento de valor incalculável. A partir do texto, foram criadas as declarações internacionais de direitos do homem nas esferas universal e regional. É a partir dessa carta que os Estados passaram a reconhecer e positivar os

Direitos Humanos em suas constituições, bem como internalizando tratados internacionais.

## 5.1.1 DIGNIDADE DA PESSOA HUMANA

O princípio da dignidade da pessoa humana é o alicerce da proteção dos Direitos Humanos. Como visto, ao término da Segunda Guerra Mundial, líderes de Estados se movimentaram com intuito de criar a Organização das Nações Unidas (ONU) e, a partir de então, afirmar os Direitos Humanos.

Com o Estado Social de Direito e as redações das constituições nacionais e tratados internacionais, cria-se um universo de junção entre direitos fundamentais e dignidade humana.

Ensina o professor Paulo Feuz:

> Com a chegada da filosofia humanística a partir do século XIV, os pensadores pararam de analisar o cosmos em função da análise do Homem. Essa análise resulta no que, bem mais tarde sintetizou o jusfilósofo Miguel Reale. Para ele a pessoa humana é a única capaz de dar valor as coisas e, portanto, passa a ser valor-fonte de todos os valores. (FEUZ, 2015, p. 34).

Nessa linha, entende Christian Starck que a dignidade da pessoa humana "trata-se, antes, da proteção e do respeito dos interesses mais essenciais do homem. A garantia da dignidade humana obriga o Estado não apenas a respeitar a dignidade humana, mas também a protegê-la" (SARLET, 1998, p. 210).

Avançando nessa ideia, destaca-se que a dignidade humana funciona como uma fonte jurídico-positiva para os direitos fundamentais, o que lhes possibilita coerência e unidade. Dá-lhes uma noção de sistema. O princípio fundamental da dignidade da pessoa humana, assim entendida como valor axiológico, serve como uma espécie de "lei geral" para os direitos fundamentais, que são especificações da dignidade da pessoa humana.

O Brasil adotou a dignidade da pessoa humana como fundamento que rege e estrutura o Estado Democrático de Direito, sendo não só pilar do direito positivado no país como também elemento de proteção de direitos esquecidos pela lei. A ideia foi englobar as proteções como direito fundamental para, dessa forma, proteger os indivíduos contra o arbítrio do Estado.

A Constituição Federal brasileira, em seu art. 1º, prescreve que um dos fundamentos da República Federativa do Brasil é o respeito à dignidade humana. O Ministro do Supremo Tribunal Federal Alexandre de Moraes entende que:

> A dignidade da pessoa humana é um valor espiritual e moral inerente a pessoa, que se manifesta singularmente na autodeterminação consciente e responsável da própria vida e que traz consigo a pretensão ao respeito por parte das demais pessoas, constituindo-se em um mínimo invulnerável que todo estatuto jurídico deve assegurar, de modo que apenas excepcionalmente possam ser feitas limitações ao exercício dos direitos fundamentais, mas sempre sem menosprezar a necessária estima que merecem todas as pessoas enquanto seres humanos. O direito à vida privada, à intimidade, à honra, à imagem, entre outros, aparece como consequência imediata da consagração da dignidade da pessoa humana como fundamento da República Federativa do Brasil. (MORAES, 1988, p. 425).

O Estatuto da Criança e do Adolescente (ECA), refere, em seu Art. 4°, que:

> É dever da família, da comunidade, da sociedade em geral e do poder público assegurar, com absoluta prioridade, a efetivação dos direitos referentes à vida, à saúde, à alimentação, à educação, ao esporte, ao lazer, à profissionalização, à cultura, à dignidade, ao respeito, à liberdade e à convivência familiar e comunitária. (BRASIL, 1990, n. p.).

Na reflexão de Paulo Feuz, o "Brasil adotou a dignidade da pessoa humana não só como fundamento que rege e estrutura o Estado Democrático de Direito, mas como verdadeira fonte de interpretação, paradigma do que se pretende no plano do direito positivo" (FEUZ, 2015, p. 33).

Nesse contexto, entende-se que a dignidade da pessoa humana tem papel de preceito fundamental da Carta Magna brasileira enquanto reflexo direto da proteção de direitos humanos. Como escreve Daniel Sarmento:

> O princípio da dignidade da pessoa humana é, ademais, fonte de direitos fundamentais não enumerados no texto constitucional. Com isso, a dignidade proporciona proteção mais cabal à pessoa humana, completando possíveis lacunas e omissões do poder constituinte. A dignidade humana não é propriamente um direito fundamental, mas a matriz de onde brotam direitos mais específicos. (SARMENTO, 2016, p. 326).

Por fim, é importante trazer dentro dessa reflexão a ideia do pensador Immanuel Kant, que muitos entendem como a formulação mais consistente e complexa da natureza do homem e suas relações. Kant afirma que o homem é o fim em si mesmo, sendo assim, dispõe de uma dignidade ontológica e o Direito e o Estado devem se propor ao benefício dos indivíduos.

Desde o século XX, no pós-Primeira Guerra, somou-se a esse pensamento os direitos sociais e, como visto, a partir da Segunda Guerra Mundial a concepção da dignidade da pessoa humana. Com isso, ela passa a ter valor máximo como princípio orientador não só da atuação estatal, como também de organismos internacionais (BONAVIDES, 2019).

A partir dessas reflexões, entende-se a dignidade da pessoa humana como um princípio de importância ímpar, que traz repercussões sobre todo o ordenamento jurídico. Ela é um mandamento nuclear do sistema, trazendo consequências necessárias à reflexão não só dos intérpretes da lei, como também para os legisladores.

## 5.2 OS TRATADOS INTERNACIONAIS E OS DIREITOS HUMANOS

Para se entender o significado de um tratado internacional, é fundamental conhecer a ideia de Direito Internacional. Como visto, os eventos históricos ocorridos no século XX evidenciaram certa insuficiência dos Estados em lidar com as suas conjunturas jurídicas e sociais internas.

Em função de toda tensão e insegurança, os Estados soberanos concordaram com o reconhecimento de um sistema supranacional (que transcende, ultrapassa o nacional), por meio de uma nova ordem internacional capaz de garantir a manutenção da segurança.

Ou seja, os pilares do Direito Internacional contemporâneo seriam, assim, o consenso sobre a necessidade de segurança (jurídica) para a consecução dos objetivos e proteção dos valores compartilhados pela sociedade internacional.

Assim, podemos entender o surgimento do Direito Internacional contemporâneo e do sistema internacional de proteção dos Direitos Humanos como trazido anteriormente, como um sistema de normas, instrumentos e procedimentos internacionais, desenvolvidos para serem observados por todos os Estados e em todos os países.

E dentro dessa organização, os tratados internacionais, em especial de proteção de direitos humanos, têm papel importante na perspectiva aqui proposta.

Conforme afirma Richard Bilder, professor da Universidade de Direito de Wisconsin:

> O movimento do direito internacional dos Direitos Humanos é baseado na concepção de que toda nação tem a obrigação de respeitar os Direitos Humanos de seus cidadãos e de que todas as nações e a comunidade internacional têm o direito e a responsabilidade de protestar, se um Estado não cumprir suas obrigações. (POLITIZE, 2021, n. P.)

Dentro dessa construção jurídica, é importante entender quais são as principais obrigações assumidas no âmbito da Organização das Nações Unidas (ONU). A Assembleia Geral da ONU adota alguns tratados internacionais de suma relevância na proteção de direitos humanos.

## 5 DIREITOS HUMANOS DO ESPORTE

Os Comitês analisam informações apresentadas pelos Estados membros anualmente, realizando um processo de revisão. Após a análise, os Estados membros, em nome do princípio da boa-fé, devem observar os comentários feitos na revisão e implementá-los internamente em seus territórios. Alguns dos principais tratados são:

- Pacto Internacional dos Direitos Civis e Políticos, 1966[64];
- Pacto Internacional dos Direitos Econômicos, Sociais e Culturais, 1966[65];
- Convenção sobre Eliminação de Todas as Formas de Discriminação Racial, 1966[66];
- Convenção sobre Eliminação de Todas as Formas de Discriminação contra a Mulher, 1979[67];
- Convenção contra a Tortura, 1984[68];
- Convenção sobre os Direitos da Criança, 1989[69];
- Convenção sobre Proteção dos Direitos de Todos os Trabalhadores Migrantes e suas Famílias, 1990[70];
- Convenção sobre os Direitos de Pessoas com Deficiência, 2007[71];
- Convenção para a Proteção de Todas as Pessoas contra os Desaparecimentos Forçados, 2007[72].

---

[64] Em http://www.planalto.gov.br/ccivil_03/decreto/1990-1994/d0592.htm.
[65] Em http://www.planalto.gov.br/ccivil_03/decreto/1990-1994/d0591.htm.
[66] Em http://www.planalto.gov.br/ccivil_03/decreto/1950-1969/D65810.html.
[67] Em http://www.planalto.gov.br/ccivil_03/decreto/2002/d4377.htm.
[68] Em http://www.planalto.gov.br/ccivil_03/decreto/1990-1994/d0040.htm.
[69] Em https://www.unicef.org/brazil/convencao-sobre-os-direitos-da-crianca.
[70] Em https://www.oas.org/dil/port/1990%20Conven%C3%A7%C3%A3o%20Internacional%20sobre%20a%20Protec%C3%A7%C3%A3o%20dos%20Direitos%20de%20Todos%20os%20Trabalhadores%20Migrantes%20e%20suas%20Fam%C3%ADlias,%20a%20resolu%C3%A7%C3%A3o%2045-158%20de%2018%20de%20dezembro%20de%201990.pdf.
[71] Em http://www.planalto.gov.br/ccivil_03/_ato2007-2010/2009/decreto/d6949.htm.
[72] Em http://www.planalto.gov.br/ccivil_03/_ato2015-2018/2016/decreto/D8767.htm#:~:text=1%C2%BA%20Fica%20promulgada%20a%20Conven%C3%A7%C3%A3o,2007%2C%20anexa%20a%20este%20Decreto.

Destes, vale destacar o Pacto Internacional dos Direitos Civis e Políticos, monitorado pelo Comitê de Direitos Humanos da ONU, e o Pacto Internacional dos Direitos Econômicos, Sociais e Culturais.

Eles reforçam a ideia da indivisibilidade dos direitos humanos. Ou seja, de que direitos civis e políticos possuem a mesma importância que direitos sociais, econômicos e culturais, e estão diretamente conectados.

Desse modo, os pactos especificam e detalham direitos previstos na Declaração Universal de Direitos Humanos, sendo uma espécie de extensão. O processo de formação dos tratados internacionais passa por várias fases importantes. Negociação (discussão entre países membros), assinatura do documento (os representantes do Poder Executivo das partes aceitam de maneira provisória o seu conteúdo, que ainda precisa ser apreciado e aprovado em um processo legislativo interno), ratificação do tratado (quando o Estado manifesta o seu consentimento em submeter-se ao tratado) a fase da promulgação e publicação do tratado (Estado afirma a validade interna do documento, passando a fazer parte do Direito interno do país) e, por fim, ele deve ser **depositado** para custódia pela ONU[73].

Importante reforçar que a utilização dos instrumentos normativos do Sistema Internacional de Proteção dos Direitos Humanos não implica em desconsiderar os sistemas nacionais e seus ordenamentos jurídicos internos. Ambos coexistem e servem de fortalecimento do respeito aos Direitos Humanos. Assim como também deve ser na esfera privada do esporte.

## 5.3 A ONU E O PAPEL DO ESPORTE NA PROTEÇÃO DE DIREITOS HUMANOS

O dia 6 de abril é o Dia Internacional do Esporte para o Desenvolvimento e pela Paz. A Organização das Nações Unidas criou a

---

[73] Em https://www.politize.com.br/equidade/blogpost/tratados-internacionais-de-direitos-humanos.

data devido à relevância política do esporte, sendo um dia para relembrar a realização dos primeiros Jogos Olímpicos Modernos.

O esporte como instrumento de paz e desenvolvimento já tem o reconhecimento da ONU há algum tempo. Em 2003 foi publicada a Resolução 58/5, intitulada "Esporte como um meio para promover educação, saúde, desenvolvimento e paz"[74].

Em 2005, dois anos depois, a Resolução A/60/L.1, seguia essa mesma linha e reconhecia o esporte como promotor de paz e desenvolvimento. Diz a resolução que[75]:

> 7. Acreditamos que hoje, mais do que nunca, vivemos num mundo global e interdependente. Nenhum Estado pode existir numa situação de total isolamento. Reconhecemos que a segurança coletiva depende de uma cooperação eficaz na luta contra ameaças transnacionais, em conformidade com o direito internacional.

Os chefes de Estado, através da ONU, reafirmam seu compromisso na construção e manutenção da paz e do respeito aos Direitos Humanos. Ou seja, o principal órgão mundial de política internacional reconhece a importância do esporte como meio eficaz na busca não somente da consecução dos "Objetivos do Milênio", mas reforçam o esporte como instrumento da valorização da cultura de paz e a observância dos Direitos Humanos.

Dessa forma, a Resolução da ONU traz o esporte como uma das mais valorizadas medidas a serem promovidas pelos países membros das Nações Unidas (ONU, 2005):

> 145. Salientamos que o desporto pode ajudar a promover a paz e o desenvolvimento e contribuir para um clima de tolerância e compreensão, e incentivamos o debate de propostas a utilização do termo "desporto" em vez de "esporte", o que sobressai

---

[74] Em UN General Assembly Resolution 58/5. (2003). Sport as a Means to Promote Health, Education, Development and Peace. New York: United Nations.
[75] Em https://www.un.org/en/development/desa/population/migration/generalassembly/docs/globalcompact/A_RES_60_1.pdf.

*nesse ponto 145 da norma da ONU é (1) a importância do esporte na promoção da paz e do desenvolvimento e (2) sua relevância na promoção dos direitos humanos, por meio da construção de um clima de tolerância e compreensão*[76].

O professor Wladimyr Camargos escreve a respeito da visão da ONU sobre o esporte:

> Recordo, ainda que, naquela outra resolução da Assembleia Geral das Nações Unidas mais recente e da qual tratamos nos dois últimos artigos, justamente a que reconheceu oficialmente a autonomia esportiva (A/69/L.5), há a citação de diversas outras normas internacionais que tratam diretamente ou de modo correlato do esporte, seja enquanto meio para a promoção da paz, seja como instrumento fundamental para a disseminação dos valores consentâneos ao respeito à dignidade da pessoa humana, aos direitos humanos. E ela traz aquela passagem muito importante: "Toda a forma de discriminação é incompatível com o pertencimento ao movimento olímpico". (CAMARGOS, 2019, n. p.).

Sobre o papel do esporte na visão da ONU e todos os compromissos universais de proteção de direitos humanos, Camargos avança na reflexão sobre um aparente conflito da autonomia das entidades esportivas com a proteção de direitos humanos:

> Sabemos que o Princípio da Especificidade Esportiva nos remete a sempre discutir não somente a necessidade de respeito à autonomia esportiva, como também se haveria limites à fruição desse direito de os membros da Lex Sportiva se portarem de modo autárquico. Essas resoluções das Nações Unidas estariam limitando a autonomia esportiva ao vinculá-la ao respeito aos direitos humanos? A prevalência do Princípio da Especificidade Esportiva no nosso meio seria uma forma de mitigar a inafastabilidade da observância do respeito à dignidade da pessoa humana?

---

[76] Em https://www.un.org/en/development/desa/population/migration/generalassembly/docs/globalcompact/A_RES_60_1.pdf.

A resposta é a seguinte: nem a ONU prevê limitações ao exercício da autonomia esportiva nem a especificidade do esporte é incompatível com o estrito respeito à supremacia dos direitos humanos. (CAMARGOS, 2019, n. p.).

No campo do Direito Internacional dos Direitos Humanos, os Princípios de Yogyakarta estabelecem que os Estados devem garantir que todos os indivíduos possam participar de esportes sem discriminação em razão de orientação sexual, identidade de gênero, expressão de gênero ou características sexuais[77].

Na Agenda 2030 do Desenvolvimento Sustentável, o esporte figura como importante facilitador para a promoção do desenvolvimento e da paz, a partir do estímulo à tolerância e ao respeito e das contribuições que pode fazer para o empoderamento de indivíduos e para os objetivos de inclusão social, educação e saúde.

Todos esses documentos e políticas da ONU reforçam que não existe esporte longe dos Direitos Humanos. A autorregulação esportiva tem reafirmado esse compromisso.

## 5.4 DIREITOS HUMANOS E O MOVIMENTO PRIVADO DO ESPORTE

Como visto, o movimento transnacional do esporte proporciona o encontro de diferentes ordenamentos jurídicos. Esse constante entrelaçamento de ordens constitucionais diversas provoca irritações e aprendizados, entre eles alguns que envolvem direitos humanos.

Como escreve Vinícius Calixto na obra *Lex Sportiva e Direitos Humanos*:

> Revela-se fundamental, portanto, romper com a noção de que as questões de natureza constitucional se apresentam exclusivamente sob égide de ordenamentos jurídicos estatais. (CALIXTO, 2017, p. 97).

---

[77] Princípios de Yogyakarta disponíveis em http://yogyakartaprinciples.org/principles-en/yp10/.

Mesmo seguindo a linha de Calixto e a máxima de Camargos de que "o respeito aos Direitos Humanos é elemento interno, não externo da autonomia esportiva. É autolimite próprio da *Lex Sportiva*" (CAMARGOS, 2020), a autorregulação esportiva tem reforçado esse compromisso de proteção aos direitos humanos dentro do movimento esportivo.

### 5.4.1 FIFA, O RELATÓRIO RUGGIE E A NOVA POLÍTICA DE DIREITOS HUMANOS

A FIFA sofreu historicamente, mas especialmente após as escolhas das sedes para as Copas de 2018 (Rússia) e 2022 (Qatar), com críticas de que tratava com descaso violações de direitos humanos em países com os quais tinha algum tipo de relação.

Sobre a construção dos estádios para o Mundial do Qatar, houve muitas denúncias de trabalho escravo feitas por coletivos globais de proteção de direitos humanos, como o Human Rights[78]. As obras foram levantadas pelo trabalho de imigrantes, submetidos a regras do regime trabalhista do país árabe que em muito se assemelham à escravidão.

A escolha da Rússia também trouxe prejuízo reputacional à FIFA. Nesse país, a exploração denunciada dizia respeito ao trabalho realizado por migrantes. A revista norueguesa Josimar (2017) publicou uma grande reportagem intitulada *Os Escravos de São Petesburgo* na qual denunciava condições de trabalho desses operários[79].

A definição das sedes Qatar e Rússia trouxe repercussões negativas por violações reiteradas a políticas de proteção de direitos humanos nesses países e a entidade máxima do futebol mundial sofreu uma grande pressão externa por levar o o principal evento do futebol do planeta para esses países.

Movimentos de Direitos Humanos, patrocinadores da entidade, sindicatos, estudiosos do esporte, todos se juntaram em um

---

[78] Em https://www.bbc.com/portuguese/internacional-60950389.
[79] Em https://www.josimar.no/artikler/the-slaves-of-st-petersburg/3851/.

grande movimento condenando as escolhas da entidade. Isso, aliado ao escândalo do *Fifagate* em 2015 — que prendeu, julgou e condenou alguns dos principais dirigentes da entidade por corrupção —, desencadeou uma série de movimentos da FIFA em direção a uma política de Direitos Humanos.

Diante desse movimento de pressão e abalada por sérias denúncias de corrupção, a FIFA precisava mudar. Então, decidiu investir em uma agenda positiva, tendo os direitos humanos como protagonistas. Conhecendo tamanha complexidade, a fim de alcançar padrões elevados na governança, a organização detém diversos mecanismos para a efetivação dessa política. Dentre eles, seus estatutos, que representam basicamente sua "constituição".

A entidade-mor do futebol mundial incluiu em seu Estatuto, no art. 3, a previsão de que a "FIFA está comprometida com o respeito aos direitos humanos internacionalmente reconhecidos e deverá empreender esforços para promover a proteção desses direitos"[80].

A entidade foi além. Ela encomendou ao professor John Ruggie, uma autoridade mundial no assunto, a elaboração de um relatório com recomendações para implementação de uma política de Direitos Humanos, implementada em maio de 2017.

O relatório de Ruggie trouxe 25 recomendações e deu origem à Política de Direitos Humanos da FIFA. Ele trata de:

- *direitos trabalhistas;*
- *direitos de habitação;*
- *combate à discriminação;*
- *segurança nos grandes eventos;*
- *direitos dos atletas.*

A FIFA estabeleceu expressamente o compromisso de se articular construtivamente com os Estados para sustentar a sua política de direitos humanos, e a observância desses direitos

---

[80] Em Emhttps://digitalhub.fifa.com/m/14c7395219f80994/original/hdkaolpj72hvi3piebfq-pdf.pdf.

passaria a ser critério para a escolha das sedes dos eventos da entidade.

No livro *Lex Sportiva e Direitos Humanos*: Entrelaçamentos Transconstitucionais e Aprendizados Recíprocos, Vinícius Calixto explica:

> A escandalização gerada pela deflagração dos esquemas de corrupção aliada aos problemas envolvendo violações de direitos humanos, com destaque para a situação dos trabalhadores migrantes no Catar, e a necessidade de retomar a credibilidade da instituição fizeram com que a FIFA tomasse medidas para retomar a sua credibilidade, buscando promover maior democracia, transparência e accountability, e mudando sua postura frente à proteção e promoção de direitos humanos. (CALIXTO, 2017, p. 205).

A partir dessa nova política, a organização mandava um recado de que exigiria que as revisões de Direitos Humanos fizessem parte do processo de licitação de seus eventos. Inclusive, ela conduziu análises de Marrocos e da América do Norte antes de determinar em 2018 que a Copa do Mundo de 2026 será nos Estados Unidos, Canadá e México, e mesmo assim criticou os Estados Unidos e o Canadá por falta de compromissos específicos com os direitos humanos.

No Estatuto da entidade de 2020 — espécie de constituição da cadeia esportiva do futebol — no artigo 4 é importante é destacar[81]:

> *4 Lucha contra la discriminación, igualdad y neutralidad*
>
> *1. Está prohibida la discriminación de cualquier país, individuo o grupo de personas por cuestiones de raza, color de piel, origen étnico, nacional o social, género, discapacidad, lengua, religión, posicionamiento político o de cualquier otra índole, poder adquisitivo, lugar de nacimiento*

---

[81] Em https://digitalhub.fifa.com/m/7af12a40897b1002/original/azwxwekfmxonfdixwv1m-pdf.pdf.

*o procedencia, orientación sexual o por cualquier otra razón, y será sancionable con suspensión o expulsión.*

*2. La FIFA se declara neutral en materia de política y religión. Se contemplan excepciones en los casos que afecten a los objetivos estatutarios de la Fifa.*

Ou seja, a própria entidade reforça em regulamento interno a necessidade de proteger direitos humanos assumidos, mesmo que em prejuízo do princípio da "neutralidade".

Com a política de Direitos Humanos e o estatuto, a FIFA abrange também em regulamentos internos todos os direitos humanos reconhecidos internacionalmente, incluindo aqueles contidos no Carta Internacional dos Direitos Humanos, no Pacto dos Direitos Civis e Políticos e no Pacto Internacional dos Direitos Econômicos, Sociais e Culturais e na Declaração da Organização Internacional do Trabalho sobre Princípios e Direitos Fundamentais no Trabalho.

Mesmo assim, a escolha da China para receber o Mundial de Clubes, que acabou não acontecendo por conta da pandemia do COVID-19 em 2020, e a realização do Mundial de Clubes em Abu Dhabi ainda demonstram a dificuldade da entidade de encontrar equilíbrio entre a economia do negócio e a necessária proteção de seus compromissos.

### 5.4.2 COMITÊ OLÍMPICO INTERNACIONAL E DIREITOS HUMANOS

Assim como a FIFA, o Comitê Olímpico Internacional também sofreu com irritações provocadas por denúncias de distanciamento da necessária proteção de direitos humanos. Esses aborrecimentos surgiram a partir de regras internas ou mesmo pelas escolhas de parceiros em grandes eventos esportivos.

Como escreve Katia Rubio

> Ou seja, ou o Movimento Olímpico se revê ou ele está fadado ao esgotamento que vivem outras instituições seculares ao redor do

planeta. Porém, diferentemente de instituições pautadas em dogmas, o COI está organizado e assessorado por profissionais que estão sensíveis às demandas da sociedade, seja por idealismo ou por necessidades comerciais. A busca pelo debate sobre as questões que norteiam o Olimpismo sugere um redirecionamento não apenas político do Movimento Olímpico. Abrir-se para temas negligenciados no passado aponta para uma preocupação verdadeira sobre as repercussões de fatos que denotam discriminação, preconceito e desrespeito à sociedade. (RUBIO, 2019, p. 18).

O COI carrega desde a sua fundação o discurso de Pierre Courbetein de combate ao preconceito e de integração social. O princípio 6 do Olimpismo traz que "toda e qualquer forma de discriminação relativamente a um país ou a uma pessoa com base na raça, religião, política, sexo ou outra é incompatível com o Movimento Olímpico"[82]. Em seus princípios 2 e 4 estão garantidos a proteção da dignidade humana e o combate a qualquer tipo de preconceito.

Apesar disso, como acontece com o futebol, o movimento olímpico também sofre constantes irritações referentes a possíveis violações a direitos humanos, através de regulamentos internos vistos como discriminatórios. Destes diálogos, surgem transformações importantes.

Mesmo assim, os Jogos de Inverno de 2022 foram levados para a China. Coletivos globais de Direitos Humanos criticaram o Comitê Olímpico, afirmando ser um erro organizar o evento no país, tendo em vista que o mesmo é acusado de perseguir a minoria muçulmana da região de Xinjiang, no noroeste da China, o grupo étnico turco chamado uigures[83].

Sob a bandeira de "guerra contra o terrorismo", há denúncias de que os uigures também foram aprisionados em campos de concentração para serem "reeducados", com mulheres esterilizadas e obrigadas a terem menos filhos ou a se casar com chineses de

---

[82] Em https://www.fadu.pt/files/protocolos-contratos/PNED_publica_CartaOlimpica.pdf.
[83] Em https://www.dw.com/pt-br/documento-revela-novas-evid%C3%AAncias-da-persegui%C3%A7%C3%A3o-a-uigures-na-china/a-52411844.

outras etnias. Idioma e religião também foram proibidos, seus líderes acadêmicos e religiosos perseguidos e presos e muito mais.

Além disso, coletivos globais de defesa de direitos humanos lembram que há um problema histórico de limitar as liberdades em Hong Kong e Taiwan, como também cerceamento à liberdade de expressão e outros direitos humanos dentro do país.

Em entrevista em que foi questionado sobre a escolha[84], o presidente do COI, Thomas Bach disse que: "Como organização não-governamental, não temos nem o mandato nem a capacidade de mudar as leis dos países soberanos, e não podemos resolver os problemas dos direitos humanos que gerações de responsáveis políticos foram incapazes de resolver".

Em artigo para a revista *meio&mensagem,* intitulado *Olimpíada ou Direitos Humanos?,* o fundador da Sport By Fort Consulting, Ricardo Fort, escreveu:

> Apesar de não ter sido essa a intenção, a decisão do COI em 2015 teve implicações significativas na forma com que os departamentos de marketing das empresas patrocinadoras – Airbnb, Allianz, Atos, Bridgestone, Coca-Cola, Intel, Omega, Panasonic, P&G, Samsung, Toyota e Visa – poderão promover seus patrocínios em 2022.
> Patrocínios representam somente 18% das receitas do COI (a principal fonte são os direitos de transmissão que representam 79% de tudo o que arrecada o Comitê Olímpico Internacional). Mas os patrocinadores – e não as empresas de mídia – são os mais pressionados pela imprensa e pelas Organizações Não Governamentais para fazerem um boicote comercial aos Jogos.
> A situação é muito delicada para estas empresas e os riscos estão por toda parte, independentemente do que elas decidam fazer.
> Se atenderem às demandas das ONGs e governos, não só perderão milhões de dólares investidos nos contratos de patrocínios, mas principalmente correrão o risco de enfurecer o governo chinês e serem retaliadas no futuro. Quase todas estas grandes

---

[84] Em https://istoe.com.br/bach-afirma-ao-conselho-de-direitos-humanos-que-o-coi-deve-ser-politicamente-neutro/.

marcas têm operações gigantes na China e não podem correr tal risco. Fracassar na China pode levar a um fracasso de escala global para a maioria das empresas patrocinadoras.
Por outro lado, se elas ignorarem as demandas da sociedade e seguirem com suas propagandas e promoções, podem ter sua reputação comprometida e serem retaliadas por analistas de mercado e consumidores conscientes das violações chinesas. (FORT, 2022, n. p.).

A pressão foi grande e em 2018, três anos após anúncio dos Jogos de Inverno na China, o Comitê Olímpico Internacional anunciou a criação de uma comissão de Direitos Humanos dirigida pelo príncipe jordaniano Zeid Raad Al Hussein, antigo Alto Comissário das Nações Unidas.

O presidente do COI, Thomas Bach, disse[85] que "normas de direitos humanos" seriam incluídas nos contratos das cidades-sede, começando pelos Jogos Olímpicos de Paris, em 2024. Essas normas exigirão dos comitês organizadores que "respeitem a legislação local, regional e nacional, assim como os acordos e protocolos internacionais do país-sede, relacionados a urbanismo, construção, proteção ao meio ambiente, saúde, segurança, condições de trabalho e luta anticorrupção".

Já em fevereiro de 2017, através de diálogos entre o COI e representantes desta comissão de Direitos Humanos, foi anunciada uma alteração importante do Contrato para Cidade Sede de 2024. A partir daquele momento, ele passava a incluir uma seção relativa às disposições de proteção de direitos humanos e de combate à corrupção.

Sobre a decisão escreveu Vinícius Calixto na obra *Lex Sportiva e Direitos Humanos*:

> Percebe-se que pela primeira vez o Contrato para Cidade Sede faz referências aos Princípios Orientadores sobre negócios e Direitos

---

[85] Em https://ge.globo.com/olimpiadas/noticia/comite-olimpico-internacional--cria-comissao-de-direitos-humanos.ghtml.

Humanos e aos Objetivos de desenvolvimento Sustentável, ambos produzidos no âmbito das Nações Unidas. (CALIXTO, 2017, p. 204).

Em março de 2020, foi lançado o documento *Recommendations for an IOC Human Rights Strategy*,[86] que definiu assim os objetivos do grupo:

> *This report sets out our recommendations for the International Olympic Committee (IOC) on how to meet its human rights responsibilities and demonstrate leadership on human rights for the Olympic Movement as a whole through a comprehensive strategy on human rights that both builds on Agenda 2020 and is aligned with core United Nations (UN) standards.*

Em tradução livre:

> "Este relatório apresenta nossas recomendações para o Comitê Olímpico Internacional (COI) sobre como cumprir suas responsabilidades de direitos humanos e demonstrar liderança em direitos humanos para o Movimento Olímpico como um todo por meio de uma estratégia abrangente sobre direitos humanos que se baseia na Agenda 2020 e está alinhado com o núcleo Normas das Nações Unidas (ONU)."

As medidas tomadas pelo COI também foram possíveis em função da Agenda 2020, um documento aprovado em 2014. O documento nasceu da necessidade de dar uma resposta às críticas em função de problemas relacionados aos Direitos Humanos, como também à transparência e governança na entidade.

Outra decisão importante tomada em função da Agenda 2020 foi a de que a partir das Olimpíadas de Tóquio 2020 (realizadas em 2021 por conta da pandemia do coronavírus), o número de competições mistas dobrou, tentando fugir da categorização

---

[86] Em https://stillmedab.olympic.org/media/Document%20Library/OlympicOrg/News/2020/12/Independent_Expert_Report_IOC_HumanRights.pdf.

histórica binária esportiva. Além disso, entre as 40 recomendações trazidas no documento de 2014, estava a de nº 11[87], que determina a promoção da igualdade de gênero, tendo como objetivo a criação de mais oportunidades para as mulheres nos Jogos Olímpicos.

Sete anos depois, o Comitê Olímpico lançou a Agenda 2020 +5[88], reforçando compromisso com os Direitos Humanos e transparência, mas apresentando itens sobre jogos sustentáveis, atletas limpos de *doping* e incentivos a prática de esportes eletrônicos.

Embora ainda seja uma regra no movimento esportivo, o COI caminha para afrouxar a histórica divisão binária homem/mulher, tão presente no universo esportivo. Claro que um rompimento mais forte colocaria em xeque princípios caros ao esporte como o da paridade de armas e da integridade esportiva. Agora, o estímulo a competições mistas é caminho interessante para a afirmação do esporte como ambiente de inclusão e de igualdade de gênero.

Sobre esse movimento, Vinícius Calixto entende que:

> Esse processo de autorreflexão e de busca de alternativas decorrentes de aprendizados é fundamental para que a ordem jurídica esportiva possa se engajar em um modelo de articulação que parece de revelar adequado em matéria de direitos humanos, através da abertura a reconstruções permanentes. (CALIXTO, 2017, p. 216).

O autor conclui afirmando que:

> As medidas concretas tomadas pelo COI sejam de cunho legislativo como a alteração da Carta Olímpica para vedar expressamente a discriminação por orientação sexual, sejam de caráter executivo através de mudanças nas regras para candidaturas de cidades-sede, evidenciam a abertura da Lex Sportiva a um aprendizado construtivo. (CALIXTO, 2017, p. 217).

---

[87] Em https://olympics.com/ioc/olympic-agenda-2020.
[88] Em https://olympics.com/ioc/olympic-agenda-2020-plus-5.

## 5.5 REGRAS DO ESPORTE E DIREITOS HUMANOS

O esporte nasce da ideia de liberdade e autonomia necessárias diante de uma relação transnacional típica de sua essência. Nas palavras de João Lyra Filho (1959, pág. 186):

> A instituição do desporto não é privativa de um país; impõe a criação de um direito universal, que se baseia em princípios meios e fins universais, coordenadas por leis próprias no âmbito internacional. Tais características conferem ao direito desportivo uma importância que, sob certos aspectos, supera o maior dos demais ramos do direito. A hierarquia e a disciplina do desporto inspiram normas comuns aos povos, orientadas e fiscalizadas por poderes centrais de direção universal.

O esporte precisa proteger a sua autonomia entendendo sua natureza. Com esse propósito, um diálogo permanente entre ele e o Direito se faz necessário para a construção eficaz de regras internas.

O sistema transnacional do esporte exige essa atenção, como já citado nesta reflexão, Marcelo Neves (2009) explica que "o transconstitucionalismo é o entrelaçamento de ordens jurídicas diversas, tanto estatais como transnacionais, internacionais e supranacionais, em torno dos mesmos problemas de natureza constitucional".

Transnacional, autônomo, mas não independente. Trazendo de novo ensinamento de Jean Pierre Karaquillo:

> Pluralismo de ordens jurídicas, privadas e públicas. tal ramo do direito erige-se, com efeito, nem exclusivamente sobre uma 'sistemática privada', nem unicamente sobre um 'sistema estatal', mas sobre uma variedade de dados de origens distintas" (Karaquillo, 2011, p. 3).

Entendendo esse pluralismo que orbita em um sistema transnacional e autônomo, o esporte precisa construir, nos seus regulamentos, regras que respeitem direitos fundamentais, tratados internacionais, princípios gerais de Direito e também seus principais regramentos internos.

Se o esporte não entender esse diálogo com outros ordenamentos constitucionais e a necessária proteção de direitos humanos, o estado vai agir, provocando irritações, enfraquecendo a autonomia esportiva e exigindo transformações internas.

# 6 IRRITAÇÕES

São muitos os casos que provocaram irritações no ordenamento jurídico privado do esporte. Eles apareceram por diferentes caminhos, mas todos provocaram reflexões e aprendizados. Alguns casos foram além, e se tornaram marcos para uma nova leitura do movimento privado sobre a defesa de direitos humanos.

## 6.1 IRRITAÇÕES TRANSCONSTITUCIONAIS E DIREITOS HUMANOS

Os problemas transconstitucionais provocados pelos encontros de diferentes ordens jurídicas que apresentam caminhos distintos podem implicar em aprendizados importantes. Tanto em questões sobre igualdade de gênero, não discriminação e liberdade religiosa, a *lex sportiva* pode apresentar normas internas que não se encaixam diante da leitura de outros ordenamentos.

A partir daí surge a necessidade de diálogos constitucionais, conduzidos de maneira horizontal, que possibilitem aprendizados recíprocos, como escreve Vinícius Calixto (2017, p. 174):

> O transconstitucionalismo como modelo para solução de conflitos que nascem dentro de regulação pluridimensional dos direitos humanos só se faz possível através da adoção pelas ordens jurídicas de uma abertura e articulação que leve em conta justamente as experiências e provocações decorrentes dos entrelaçamentos transconstitucionais.

Na mesma linha, André Ramos (2015, p. 518) escreve que dentro desses entrelaçamentos um "Direito Internacional privado de valores, informado pelos Direitos Humanos, pode ser chave para a compreensão do papel futuro de novas regulações do direito transnacional na globalização do século XXI".

Habermas também traz reflexão importante para esse caminho. O pensador resgata a tradição de Kant de razão prática, entendendo a moral como elemento para validação das normas universais. E, no seu entendimento, a aceitação desses princípios como pilares de uma construção coletiva de um direito é aceito por uma "comunidade de princípios", na linha do que escreveu Dworkin, dando ao sistema a "autorreferencialidade", que trouxemos na ideia de Teubner. Escreve ele:

> [...] todas as normas válidas precisam atender à condição de que as consequências e efeitos colaterais que presumivelmente resultarão da observância geral dessas normas para que a satisfação dos interesses de possam ser aceitas não coercitivamente por todos os indivíduos. (HABERMAS, 1999, p. 9).

O problema está na não aceitação dessas regras. O esporte se distanciando de um entendimento coletivo, gerando questionamentos internos e provocando distanciamento de caminhos tomados. São as irritações que podem gerar grandes transformações.

## 6.2 CASOS QUE MUDARAM O ESPORTE

O esporte muda por diferentes motivos: para deixar o jogo mais atraente, pelas revoluções tecnológicas que podem ajudar no espetáculo e na integridade esportiva e, também, a partir da interferência do direito que provoca transformações nas regulações do movimento privado do esporte. Alguns casos exemplificam como esses entrelaçamentos provocam mudanças.

### 6.2.1 CASO "RENÉE RICHARDS" E UM ACE NO TÊNIS

Esta é uma história de coragem que revolucionou um dos esportes mais glamorosos do planeta.

Designada no gênero masculino no nascimento e batizada com o nome Richard Raskind, a atleta nasceu em uma família tradicional de Nova York e, além de tenista, era médica.

Nos anos 1970, mudou o nome para Renée e fez cirurgia de redesignação sexual. Talentosa, teve que entrar na Justiça para poder disputar o torneio feminino do tradicional US Open, um dos cinco principais torneios de tênis do mundo[89].

Uma briga entre *lex sportiva* e Direitos Humanos.

Renée tentou participar do torneio em 1976, mas teve a inscrição negada pela Associação de Tênis dos EUA. A atleta negou-se a fazer um teste de verificação cromossômica. O argumento da Associação era de que o teste seria necessário para garantir igualdade entre os atletas e uma competição justa, defendendo um dos princípios da *lex sportiva*, o da Paridade de Armas.

Diante disso, Renée entrou com processo na Corte de Nova York alegando que a decisão representava discriminação, uma violação à Lei de Direitos Humanos e à Décima Quarta Emenda Constitucional.

O professor Vinícius Calixto escreveu, no livro *Lex Sportiva e Direitos Humanos* (2017, p. 122): "A questão que se apresentava aqui era um aparente conflito entre um princípio extremamente caro à ordem esportiva, qual seja, a igualdade entre os competidores, e a garantia de direito a não discriminação prevista na legislação americana".

A atleta venceu na Justiça. A Suprema Corte americana decidiu que obrigar o atleta a realizar o teste significava uma atitude discriminatória.

Segundo o relator do caso[90]:

> Na visão da corte, o requerimento dos demandados de que o demandante deva passar pelo Teste de Barr para ser elegível para participar de competição feminina individual do US Open é

---

[89] Em https://www.nytimes.com/1977/08/17/archives/renee-richards-ruled-eligible-for-us-open-ruling-makes-renee.html.
[90] Em https://www.leagle.com/decision/197780693misc2d7131654.

grosseiramente injusto, discriminatório, desigual e violador dos direitos da atleta sob a Lei dos Direitos Humanos deste Estado. (SUPREME COURT 1977, n. p.).

A decisão pôs em xeque pela primeira vez a tradicional divisão binária da *lex sportiva* (homem/mulher). Renée tornou-se a primeira pessoa trangênero a disputar um torneio profissional de tênis, vencendo a Associação, o preconceito e mudando políticas esportivas sobre questões de gênero.

A história virou filme (1986), *Second Serve (Jogo Perigoso*, no Brasil)[91]. O filme foi dirigido por Anthony Page e teve Vanessa Redgrave fazendo o papel de Renée. Com bom roteiro e uma atuação convincente de Redgrave, é uma dica também para quem se interessa por Direito.

Sobre a carreira no tênis feminino, Renée foi eliminada na primeira fase do Aberto dos Estados Unidos de 1977, mas chegou à final no torneio de duplas. A melhor posição no *ranking* mundial, um 20º lugar.

Em toda a carreira, mesmo com a decisão da Justiça, ela sofreu com o preconceito, e algumas atletas, inclusive, negaram-se a entrar em quadra com ela. Richards também foi treinadora da tenista Martina Navratilova em dois títulos de Wimbledon, e em 2000 foi incluída no USTA Eastern Tennis Hall of Fame.

### 6.2.2 OSAKA, CASEY E A PROTEÇÃO À SAÚDE

O esporte precisa de uma organização autônoma, distante da força estatal. Por ser transnacional, ultrapassar limites geográficos, ele necessita ter uma linguagem universal, compreendida em todos os cantos do planeta. Porém, ele jamais pode esquecer da proteção de direitos fundamentais. Caso contrário, o Estado vai agir.

O episódio da tenista Naomi Osaka, punida internamente em 2021 por não atender a imprensa em função de um problema de

---

[91] Second Serve (1986), disponível no YouTube.

saúde mental[92], também faz lembrar de Casey Martin, um golfista que enfrentou o esporte inteiro. E venceu.

Casey Martin foi, antes de tudo, corajoso. Aos 26 anos, se transformou em herói americano ao ousar afrontar o glamoroso PGA Tour e a hostilidade dos companheiros de esporte. Talvez mais do que coragem, o principal combustível para comprar essa briga tenha sido a paixão pelo esporte: afinal, sem ela, Casey não poderia mais jogar golfe.

Casey sofre de síndrome de Kieppel-Trenaunay-Weber, uma rara doença circulatória congênita. No caso dele, o fluxo de sangue na perna direita era reduzido, o que lhe causava grandes dores depois de longas caminhadas. O risco de hemorragia e fratura era presente. No golfe, caminhar longas distâncias por muito tempo está presente no esporte.

Para continuar como atleta, Casey pediu à associação profissional de golfe para usar o carrinho durante os campeonatos, devido aos riscos que corria em função da doença. O pedido foi negado, com a justificativa de que o regulamento o proibia em campeonatos profissionais. Segundo a defesa da associação, o uso do carrinho iria dar vantagem injusta a ele com relação aos concorrentes. O princípio da igualdade esportiva em ação.

Ele não se conformou e levou o caso até a Suprema Corte dos Estadus Unidos[93]. O principal argumento do jogador era a Lei dos Americanos com Deficiência, de 1990. Ela exigia acomodações razoáveis para pessoas com limitações. Mas, com um "porém": essas acomodações só seriam permitidas desde que a mudança não alterasse fundamentalmente a natureza da atividade esportiva.

A questão em discussão na Corte foi bem resumida pelo professor Vinícius Calixto no livro *Lex Sportiva e Direitos Humanos* (2017, p. 137):

---

[92] https://www.terra.com.br/esportes/tenis/osaka-abandona-roland-garros-apos--multa-por-nao-dar-entrevista-e-revela-depressao,3b7bfb4bd8ff38c330f30910de-2f5b27b048sw6h.html.
[93] Em Supreme Court of the United States PGA Tour, Inc V Martin (00-24) 532 US 661, de 29 de maio de 2001.

O caso apresenta um conflito entre a aplicação do princípio da não discriminação previsto em uma lei federal dos Estados Unidos e o princípio da igualdade esportiva, levando em conta ainda um alegado risco de comprometimento da essência fundamental do esporte.

Portanto, a Corte precisava determinar a natureza essencial do esporte golfe. Era preciso definir se andar pelo campo era fundamental ao esporte, o que faria com que a permissão para Casey usar o carrinho contrariasse a essência do jogo.

Por 7 votos a 2, em 2001, os juízes decidiram que Casey tinha o direito de usar o carrinho durante os campeonatos. Um dos juízes, incumbidos de analisar a história do golfe, concluiu que os carrinhos não interfeririam no caráter fundamental da prática. A essência do jogo era a técnica e a precisão em arremessar as bolas acertando o buraco, com o mínimo de tacadas possível.

Sobre os votos divergentes, os juízes entenderam que a lei estatal não seria aplicada ao caso, expressando uma visão estrita da autonomia das entidades esportivas. Ou seja, eles apresentaram a ideia de uma separação entre a ordem transnacional do esporte e o ordenamento jurídico estatal. O juiz Antonin Scalia afirmou que "não há base sobre a qual alguém, inclusive a Suprema Corte americana, pode declarar que uma regra não é essencial, caso a entidade esportiva reguladora entenda que é, sim, essencial"[94].

A tese não prosperou. A alegação de que andar testava também a capacidade física do atleta não foi aceita pela Corte, que, a partir de um laudo de um fisiologista, chegou à conclusão de que a caminhada pelos 18 buracos consumia apenas 500 calorias. Concluiu afirmando que o golfe é um esporte de baixa intensidade e alto teor psicológico e técnico.

Sobre o entendimento dos entrelaçamentos de ordens constitucionais distintas, a concepção da justiça no esporte pode ser analisada a partir da ideia do direito à igualdade e da não dis-

---

[94] Tradução livre. Em Supreme Court of the United States PGA Tour, Inc V Martin (00-24) 532 US 661, de 29 de maio de 2001.

criminação. Em relação ao significado da igualdade equitativa e oportunidades, ensina John Rawls (2003) que a noção é introduzida para corrigir os defeitos da igualdade formal de oportunidades, de modo a exigir que cargos e posições sociais sejam acessíveis a todos de forma equitativa.

Mesmo terminando o Open dos EUA de 1998 no 23º lugar, Casey saiu vitorioso. Ele venceu a batalha contra a poderosa associação estadunidense e contra seus próprios colegas. Até Tiger Woods, colega de Casey durante um ano nos Cardinals, da Universidade de Stanford, era contra a luta dele. Em declaração à Revista Sports Illustrated (2021), ele disse: "Do ponto de vista do jogo, acho que passaria a ter uma vantagem adicional em relação aos outros"[95].

O episódio com Osaka vai na mesma linha: Direitos Humanos x *Lex Sportiva*. O histórico dos tribunais tem mostrado o que precisa ser protegido. Inclusive, o US Open trabalhará em estreita colaboração com a equipe médica e científica dos circuitos da ATP (masculino) e da WTA (feminino) para garantir que os jogadores estejam totalmente cientes dos serviços médicos disponíveis e como acessar essas ofertas de saúde, se necessário[96].

Essa "iniciativa pela saúde mental" dos jogadores profissionais é a resposta da USTA a uma preocupação crescente que, nos últimos meses, atingiu o tênis profissional. A saúde mental dos atletas gerou debates e manchetes desde o caso da japonesa Naomi Osaka.

Sobre Casey Martin, ele seguiu jogando e, mesmo depois de se aposentar como jogador, para não se afastar do esporte passou a ser técnico de golfe. Afinal, sua batalha sempre foi por paixão, uma paixão pelo esporte.

---

[95] https://www.si.com/golf/news/casey-martin-is-the-most-courageous-man-in--golf-and-no-one-else-is-close.
[96] Em https://correio.rac.com.br/us-open-tera-profissionais-de-saude-mental--para-tenistas-apos-osaka-revelar-ansiedade-1.214030.

### 6.2.3 HIJAB: ENTRE A FÉ E O ESPORTE

Imagine você, sendo atleta, prestes a disputar um mundial ou uma olimpíada, tendo que optar entre a fé e o esporte. Essa não foi uma escolha apresentada a um ou dois atletas e nem um problema que apareceu em determinado esporte. Esse é um conflito permanente no mundo esportivo. O lado bom é que o esporte vem encontrando um caminho através de diálogos transconstitucionais.

Muitas mulheres muçulmanas usam o hijab[97], um véu islâmico que cobre cabelo e pescoço e que é usado, inclusive, durante a prática esportiva. No Irã, por exemplo, o uso do véu pelas mulheres que se expõem publicamente é uma imposição do ordenamento jurídico. E isso trouxe inúmeros problemas às federações esportivas do país. No futebol, no judô, no basquete, no boxe.

O problema é que regras esportivas de várias modalidades vedavam o uso do hijab em competições, alegando que ele poderia comprometer a saúde dos atletas, aumentando o risco de lesões na cabeça e no pescoço. O cenário esportivo ajudava a afastar ainda mais as mulheres muçulmanas de competições esportivas internacionais. De novo, um conflito entre *lex sportiva* e Direitos Humanos.

Em 2011, a seleção de futebol feminino do Irã foi eliminada das eliminatórias para os jogos olímpicos de Londres 2012 porque as atletas se recusaram a tirar o hijab na partida contra a Jordânia[98]. A decisão da FIFA repercutiu e várias entidades muçulmanas, além de outras de Direitos Humanos, como também atletas, se uniram em uma campanha chamada *Let us play*.

Com o auxílio da tecnologia, os véus foram adaptados à prática esportiva, diminuindo a força dos argumentos daqueles que defendiam que ele era perigoso e ameaçava a saúde das atletas.

---

[97] Em https://aventurasnahistoria.uol.com.br/noticias/almanaque/entenda-as-diferencas-entre-hijab-niqab-e-burca.phtml.
[98] Em https://m.folha.uol.com.br/esporte/2011/06/925948-veu-islamico-elimina-futebol-feminino-do-ira-de-londres-2012.shtml.

A FIFA cedeu e, em 2014, anunciou que permitiria o hijab em competições internacionais.

Na esteira do futebol, outros esportes acabaram cedendo. A muçulmana Bilquis Abdul-Qaadir[99] se tornou a primeira mulher a competir com o hijab no basquete universitário americano; um pouco depois, a Federação Internacional de Basquete (FIBA) também permitiu o uso em competições profissionais.

A luta de Qaadir se tornou a luta de várias atletas pelo mundo. A pressão era para que a FIBA adotasse o caminho que a FIFA tinha tomado dois anos antes. A Associação das Advogadas Islâmicas para os Direitos Humanos enviou uma carta à Federação Internacional de Basquete. Um dos trechos traz que[100]:

> Como uma questão de expressão religiosa, a senhora Abdul-Qaadir não pode ser discriminada. Ela não deve ter que escolher entre sua fé e sua paixão de vida e sonho de jogar basquetebol em nível profissional. Os valores da FIBA de abertura e progresso devem abraçar os requerimentos da senhora Abdul-Qaadir e de outras atletas na Ásia e no Oriente Médio. Enquanto a senhora Abdul-Qaadir é uma muçulmana praticante e sua fé é uma parte inexorável da sua identidade, as razões pelas quais a FIBA deve permitir que ela use o véo são também os benefícios práticos e seculares trazidos à FIBA. Essa mudança da regra vai elevar popularidade e o sucesso da FIBA. (KARAMAH, 2016, n. p.).

Essa decisão veio logo após a disputa de um jogo de basquete feminino no Irã em que as mulheres utilizaram hijab; foi a primeira vez na história do esporte do país em que homens puderam ir ao ginásio para assistir a um jogo disputado por mulheres.

A cultura do esporte vem mudando depois dessas decisões. Em Londres 2012, pela primeira vez, mulheres da Arábia Saudita e do Qatar puderam participar dos Jogos Olímpicos. Na Rio 2016,

---

[99] Em https://edition.cnn.com/2020/11/07/us/bilqis-abdul-qaadir-basketball-hijab-trnd/index.html.
[100] Tradução livre de https://karamah.org/press/karamahs-letter-to-fiba-to-allow-muslim-woman-basketball-players--to-wear-hijab.

Ibtihaj Muhammad[101] foi a primeira atleta estadunidense a competir com o véu. Ganhou medalha de bronze na esgrima e subiu ao pódio de hijab.

Também no Rio, um jogo de vôlei de praia que nem valia medalha ganhou destaque em todo o mundo. Na partida entre a seleção da Alemanha e a seleção do Egito, uma foto mostrou a disputa entre a alemã em trajes de praia e a egípcia com roupas cobrindo todo o corpo[102]. Foi a primeira vez que o Egito participou da modalidade nos Jogos Olímpicos.

Esse não é um problema apenas em competições. Na Europa, ele é muito maior. A proibição de véus islâmicos que cobrem o rosto em lugares públicos na Bélgica, que vale para todo o país desde 2011, não infringe nenhuma lei. Foi essa a decisão tomada no dia 11 de julho de 2021 pela Corte Europeia de Direitos Humanos[103], Corte da Europa que segue uma convenção em comum para as questões de direitos humanos em 47 países.

A sentença segue a mesma linha de uma série de decisões judiciais (inclusive na própria CEDH) e leis europeias nos últimos anos. Mas o esporte tem tomado caminho contrário.

Segundo o advogado e escritor Vinicius Calixto, no livro *Lex Sportiva e Direitos Humanos* (2017, p. 158), "a retirada da proibição do uso do hijab é inegavelmente uma ação que tem consequências práticas no caminho da inclusão no esporte e vai ao encontro dos princípios olímpicos de não discriminação e da prática do esporte como um direito humano".

Ou seja, hoje a *lex sportiva* e os Direitos Humanos parecem caminhar na mesma direção com relação ao hijab. Ao conciliar a fé com a prática esportiva, o esporte dá um bom exemplo para a sociedade de como é possível, com diálogo, bom senso e flexibi-

---

[101] Em https://www.surtoolimpico.com.br/2019/05/primeira-mulher-muculmana-usar-um-hijab.html.
[102] Em https://veja.abril.com.br/esporte/contraste-cultural-a-imagem-que-esta-rodando-o-mundo/.
[103] Em https://www.publico.pt/2021/07/15/mundo/noticia/tribunal-europeu-veus-islamicos-podem-proibidos-local-trabalho-1970492.

lidade, encontrar boas soluções também para importantes conflitos da nossa sociedade.

## 6.2.4 UM OPERÁRIO BENGALI QUE PROVOCOU MUDANÇAS NO FUTEBOL

Impressiona, até para quem olha de longe. E, principalmente, para quem entra nas construções ultramodernas e luxuosas para a Copa do Mundo de 2022. Os prédios para a Copa do Mundo do Qatar foram levantados à base de muito dinheiro e do trabalho de imigrantes de diferentes partes do mundo.

Tão logo esse emirado árabe, uma pequena península que irrompe pelo Golfo Pérsico, com território menor do que a maioria dos estados brasileiros, foi escolhido como sede do Mundial, denúncias de várias organizações de proteção de direitos humanos foram apresentadas e a FIFA se tornou imediatamente alvo desses coletivos.

A Anistia Internacional, uma ONG de defesa dos direitos humanos, apresentou alguns relatórios[104] acusando o governo do Qatar de promover a exploração de trabalhadores imigrantes na organização de eventos esportivos, como Fórmula 1, Mundial de Atletismo e a Copa. Em muitas denúncias, a Anistia diz que o trabalhador no país árabe é submetido a um regime similar à escravidão. O governo do país[105] respondeu afirmando que vem realizando reformas trabalhistas para resolver todas essas questões.

Um dos operários que ajudou a levantar os estádios para o Mundial foi Nadim Alam. Ele é um operário bengali que não se conformou com o tratamento que recebia como trabalhador e decidiu entrar com uma ação judicial contra a FIFA, com o apoio de vários sindicatos. Ele pedia que a federação internacional agisse

---

[104] Em https://ge.globo.com/atletismo/noticia/catar-e-acusado-de-explorar-o-trabalho-de-imigrantes-na-organizacao-do-mundial-de-doha.ghtml.
[105] Em https://gauchazh.clicrbs.com.br/esportes/noticia/2019/02/catar-promete-reforma-da-legislacao-trabalhista-apos-criticas-da-anistia-internacional-cjrtc4185002v01nz09r9ypyq.html.

contra as frequentes violações de direitos humanos, garantindo liberdades fundamentais aos trabalhadores migrantes e abolindo o sistema *Kafala*.

Em árabe, a palavra *kafala* significa "patrocínio". Dentro desse sistema de trabalho, todos os trabalhadores imigrantes precisam ter um "patrocinador" no país onde vão trabalhar, normalmente seu empregador, que é o responsável pelo visto e status legal do funcionário.

Importante destacar aqui que as construções no Qatar são levantadas não por cataris (cidadãos do país), mas por imigrantes, na sua maioria indianos. Os trabalhadores imigrantes, ao chegarem ao Qatar, eram submetidos a esse sistema trabalhista, histórico no país. Nele, o empregado virava refém do empregador. Ele ficava sujeito à autorização do patrão para realizar diversas atividades, como alugar imóvel, sair do país ou trocar de emprego. Além disso, recebia muito menos do que um trabalhador local e tinha o passaporte retido pelo "patrocinador", que se negava a fornecer vistos para saída do país. Se insistisse, o próprio empregador poderia pedir a prisão do empregado.

Essa condição tinha princípios de Direitos Humanos esquecidos e a própria Constituição local[106] desprezada, já que ela também fala em respeito a direitos humanos.

Nadim não ficou em silêncio e comprou briga contra a poderosa FIFA e, indiretamente, contra o país árabe. Claro que a FIFA sabia das condições de trabalho no Qatar. Assim como sabia que a Rússia também violava princípios de Direitos Humanos e não respeitava direitos básicos de imigrantes que ajudaram a construir os estádios do Mundial de 2018.

Em decisão de janeiro de 2017[107], a corte de Zurique entendeu que apenas o Estado soberano do Qatar seria capaz de promover mudanças no sistema de trabalho que impedissem violações a princípios de Direitos Humanos no país. Também entendeu que

---

[106] Qatar, Constituição Permanente do Estado do Qatar, Artigo 6.
[107] Commercial Court of the Canton of Zurich, HG 160261-0 de 3 de janeiro de 2017.

a FIFA não tinha nenhuma relação comercial com Nadim Alam, afastando assim a jurisdição do tribunal para análise da matéria.

É relevanta destacar que a corte europeia não disse que a FIFA não poderia ser responsabilizada pelos maus-tratos aos operários e violações de direitos humanos, já que ela decidiu com base nos critérios de jurisdição do tribunal, deixando de se manifestar com relação ao mérito.

Como explicou o professor Vinícius Calixto no livro *Lex Sportiva e Direitos Humanos* (2017, p. 197):

> O caso expõe uma situação em que uma entidade privada com atuação transnacional (FIFA) foi demandada perante o ordenamento jurídico estatal ao qual está vinculado (Suíça), em decorrência de violações ocorridas em outra ordem estatal (Qatar). Ademais, nota-se que a ação foi movida por um cidadão bengali, em conjunto com entidades sindicais de Bangladesh e Holanda.

A FIFA ganhou no tribunal, mas não se livrou da pressão internacional. Movimentos de Direitos Humanos, patrocinadores da entidade, sindicatos, estudiosos do esporte, todos se juntaram em um grande movimento condenando o trabalho que levantava estádios para o principal evento da entidade. A irritação sofrida acabou provocando a Federação Internacional do Futebol a ter uma postura mais incisiva frente às autoridades do país árabe para que revogassem o sistema *Kafala*. E mais, a entidade criou uma comissão para inspecionar as obras para o Mundial.

Diante dessas mudanças, a Anistia Internacional se pronunciou, afirmando que "finalmente parece que a FIFA está acordando para o fato de que, a menos que tome medidas concretas, a Copa do Mundo de 2022 no Qatar será construída sobre suor, sangue e lágrimas dos imigrantes".

A pressão começou a provocar transformações. No final de 2016, alterações legislativas sobre o sistema *Kafala*[108], garantindo

---

[108] Em https://www.gulf-times.com/story/524449/Kafala-system-abolished-new--law-ensures-worker-rights#:~:text=Law%20No.,comes%20into%20force%20on%20Tuesday.

melhores condições de trabalho aos imigrantes, mesmo que ainda discretas. E as mudanças não pararam por aí.

A entidade-mor do futebol mundial incluiu em seu Estatuto, como trouxemos anteriormente, no art. 3[109], a previsão de que a "FIFA está comprometida com o respeito aos direitos humanos internacionalmente reconhecidos e deverá empreender esforços para promover a proteção desses direitos". Como também foi trazido, a entidade foi além, encomendou ao professor John Ruggie a elaboração de um relatório com recomendações para implementação de uma política de direitos humanos.

Desde que o Qatar foi escolhido como sede do Mundial, muitos operários morreram trabalhando para levantar o maior evento esportivo do planeta. Segundo o jornal The Guardian[110], em reportagem de fevereiro de 2021, mais de seis mil e quinhentos trabalhadores imigrantes morreram na preparação do país desde que foi escolhido como sede do Mundial.

Apesar das denúncias e da batalha do operário bengali, os problemas persistiram. Em 2022, a Anistia Internacional pediu, em relatório[111], que o Qatar e a FIFA paguem indenizações para quem trabalhou na infraestrutura para a Copa de 2022, devido a violações de direitos humanos. A entidade não estabeleceu um valor definitivo para a indenização, mas disse que a FIFA deveria reservar ao menos US$ 400 milhões para os trabalhadores que levantaram a infraestrutura da Copa.

### 6.2.5 JOGOS DE SOCHI, HOMOFOBIA E MUDANÇA NA CARTA OLÍMPICA

O esporte está ligado a uma política universal de Direitos Humanos. Nos últimos anos, as entidades esportivas estreitaram o

---

[109] Em https://digitalhub.fifa.com/m/7af12a40897b1002/original/azwxwekfmxonfdixwv1m-pdf.pdf.
[110] Em https://www.theguardian.com/global-development/2021/feb/23/revealed-migrant-worker-deaths-qatar-fifa-world-cup-2022.
[111] Em https://static.poder360.com.br/2022/06/MDE2255862022ENGLISH.pdf.

compromisso entre os direitos humanos e o esporte, muito em função das pressões externas, de decisões judiciais e do engajamento de atletas. A Olimpíada de Inverno de Sochi, em 2014, na Rússia, traz um exemplo de como essas irritações ao sistema podem provocar transformações no movimento esportivo.

Os jogos de Sochi foram marcados por um grande movimento que desencadeou uma mudança importantíssima na Carta Olímpica. Essa mudança foi desencadeada um ano antes, quando o parlamento russo aprovou uma lei que tornou ilegal a veiculação a menores de propagandas que continham relacionamento "não convencionais". Ela ficou conhecida como "Lei Antigay"[112].

A reação foi imediata. Coletivos de proteção de direitos humanos, da comunidade LGBT e atletas de várias partes do mundo se posicionaram contra a lei. A preocupação dos atletas era de como seriam recebidos no país. Mas não só isso.

Eles entendiam ser importante também se posicionar contra "uma violência real e na intimidação que a comunidade LGBT russa vive", disse Brian Ellner[113], membro da diretoria da Athlete Ally, ao New York Times à época.

O movimento cresceu, e até se cogitou a possibilidade de um grande boicote[114] aos jogos de inverno na Rússia. O clima em Sochi era de tensão permanente. Havia risco de protestos em vários lugares, inclusive dentro das arenas esportivas.

Em resposta a esse movimento, o presidente Vladimir Putin afirmou que os estrangeiros deveriam respeitar "a cultura russa". Na mesma linha, a supercampeã do salto com vara Yelena Isinbayeva[115] argumentou que "as pessoas deveriam seguir as leis dos outros países quando estiverem na condição de convidados".

---

[112] Em https://www.conjur.com.br/2013-ago-19/lei-considerada-antigay-russia-sofre-pressao-internacional.
[113] Em https://thegavoice.com/politics/mixed-signals-from-gay-rights-groups-on-russian-olympics-boycott/.
[114] Em http://ge.globo.com/olimpiadas-de-inverno/noticia/2013/12/lei-antigay-cantora-lady-gaga-pede-boicote-aos-jogos-olimpicos-de-sochi.html.
[115] Em https://oglobo.globo.com/esportes/isinbayeva-defende-lei-anti-gay-da-russia-no-mundial-de-moscou-9562843.

Com o risco de manifestações, o Comitê Olímpico se viu numa situação difícil. Ele não se posicionava contra a Lei, mas também entendia o tamanho da pressão externa e dos atletas. Protestos durante as competições poderiam levar a aplicação da regra 50 da Carta Olímpica, que veda manifestações de cunho político, religioso ou racial nas instalações olímpicas.

A saída do COI foi delimitar áreas de protesto fora dos locais de competição. Mas isso foi muito pouco. A pressão continuou.

Como apoio de diversos atletas, as organizações All Out e Athlete Ally organizaram uma campanha, batizada de "Princípio 6", que visava acrescentar ao sexto princípio do Olimpismo — que veda discriminação — a expressão "orientação sexual".

Em peças vermelhas, como camisas, cuecas e casacos, membros de coletivos e atletas mostravam o texto da Carta Olímpica: a parte que diz que o esporte não discrimina em termos de raça, religião, política, gênero ou outros.

O COI cedeu. Um pouco depois dos jogos, o Comitê alterou o sexto princípio, acrescentando a expressão "orientação sexual"[116]. E mais, colocou uma cláusula antidiscriminação nos contratos a serem celebrados com os países que sediarão os próximos Jogos Olímpicos.

Como escreveu Vinícius Calixto no livro *Lex Sportiva e Direitos Humanos* (2017, p. 202): "a realização de um grande evento esportivo serviu como vetor para que atores nas esferas nacionais, supranacionais, internacionais e transnacionais provocassem irritações no ordenamento jurídico russo e dentro da cadeia esportiva".

A "Lei Antigay" também foi analisada pela Corte Europeia de Direitos Humanos (CEDH). O apelo ao tribunal[117] foi feito por três ativistas que foram detidos e acusados de quebrar a lei. Um deles por ter se colocado em frente a uma escola secundária com um

---

[116] Em https://oglobo.globo.com/esportes/isinbayeva-defende-lei-anti-gay-da-russia-no-mundial-de-moscou-9562843.

[117] Em https://observador.pt/2017/06/20/russia-lei-anti-gay-e-discriminatoria-e-promove-a-homofobia-diz-tribunal-europeu-dos-direitos-humanos/.

cartaz em que se lia "a homossexualidade é normal". Os outros por terem entrado numa biblioteca pública com cartazes que diziam que "as crianças têm o direito de saber que boas pessoas às vezes são gays e que os gays às vezes são boas pessoas".

O caso só foi analisado em 2017. Após vários anos de espera, a Corte Europeia de Direitos Humanos informou em um comunicado[118] que negou todos os argumentos dos advogados do governo russo, rejeitando a tese de que a lei se justificava para proteger a moral pública, a saúde pública e os direitos dos cidadãos "normais".

O Tribunal entendeu que a Rússia violou e continua a violar a Convenção Europeia dos Direitos Humanos, na liberdade de expressão e na proibição da discriminação. A CEDH aplicou uma multa de 43 mil euros, mais juros, em três meses. A decisão foi aprovada por seis dos sete juízes. Apenas o juiz russo Dmitry Dedov se mostrou a favor da Rússia. Na decisão está escrito que:

> Ao adotar legislação como esta, as autoridades [russas] reforçam estigmas e incentivam a homofobia, o que é incompatível com as noções de igualdade, pluralismo e tolerância inerentes de uma sociedade democrática. (EUROPEAN COURT OF HUMAN RIGHTS, 2017, n. p.).

O caso da Rússia é mais um exemplo de como movimentos coletivos em busca de proteção de direitos universais repercutem dentro da cadeia associativa do esporte.

## 6.3 DIÁLOGOS E TRANSFORMAÇÕES

O que se nota nos casos analisados é uma abertura da *lex sportiva* diante de diálogos necessários provocados por irritações no entrelaçamento com diferentes ordens jurídicas, trazendo um aprendizado ao movimento privado. Se assim não fosse, ela

---

[118] Em https://hudoc.echr.coe.int/eng#{%22itemid%22:[%22001-174422%22]}.

estaria perpetuando critérios excludentes, violadores de direitos humanos e contrários ao espírito esportivo, que agrega e não segrega.

Conforme escreve Vinícius Calixto (2017, p. 204), "essa conduta estaria em contrariedade com a própria Carta Olímpica que prevê a participação esportiva como um direito humano, estabelecendo que todo indivíduo deve ter a possibilidade de praticar esporte". Continua o autor: "É importante notar que esse movimento de abertura aos direitos humanos ocorrida com maior força nos últimos anos é resultante também da mudança de postura do setor 'não organizado' do esporte, como atletas e torcedores."

Como foi trazido, o sistema esportivo é provocado a ir além da proteção de direitos humanos em seus regulamentos internos. Ele tem sido pressionado a agir efetivamente em respeito à dignidade humana. Escreve Giulianotti (tradução livre):

> Uma emergência é encontrada em novas forças sociais que pontuam por mudanças significativas como a inclusão do "meio ambiente" como um pilar do Olimpismo e a contínua pressão de organizações não-governamentais e movimentos sociais para que a comunidade olímpica passe a adotar os direitos humanos. (GIULIANOTTI, 2016, E-book).

Em função desses entendimentos e exemplos, entender as especificidades do esporte, com seus permanentes entrelaçamentos com Direitos Humanos seria caminho indispensável para a *lex sportiva*. Como ensina Wladimyr Camargos (2017, p. 160):

> Em ocorrendo violação da integridade da pessoa, a decisão correta é utilizar o ferramental à disposição do sistema para proteger a dignidade de quem sofreu a ofensa. Isso não afeta a produção e reprodução autônoma das características próprias da Lex Sportiva. Ao contrário, sempre irá conferir maior legitimidade.

A verdade é que o esporte vive uma grande transformação. Com coletivos globais, engajamento de atletas e posicionamento de cortes judiciais acelerando mudanças. Além disso, a necessidade de se acompanhar normas de Direitos Humanos vem de um processo crescente de cobrança por maior transparência, práticas de boa governança e *compliance* no ambiente esportivo.

Essa realidade tem provocado mudanças também no movimento jurídico privado do esporte.

# 7 O TAS, A CORTE EUROPEIA DE DIREITOS HUMANOS E O ESPORTE

Cada vez mais, o Tribunal Arbitral do Esporte (TAS), ou Corte Arbitral do Esporte (CAS), vem se consolidando como referência jurídica na cadeia esportiva, ganhando legitimidade e, como consequência, aceitação de cortes estatais.

Entendendo a importância dos regulamentos esportivos, mas avançando na compreensão de que eles precisam dialogar com princípios de Direitos Fundamentais e Humanos, o TAS vai criando uma jurisprudência cada vez mais forte, que tem servido também como inspiração para caminhos legislativos.

Foi a partir dessa leitura, por exemplo, que atletas intersexuais[119] (como Dutee Chand) ajudaram a acabar com a verificação de sexo nas Olimpíadas do Rio, que atletas transgênero têm feito valer direito de competir, e que atletas muçulmanos têm conseguido participar de competições sem renunciar à sua fé[120].

Esse olhar, em atenção ao que dizem os tratados internacionais, a Convenção Europeia e as próprias decisões de tribunais internacionais de Direitos Humanos, tem sido determinante para que suas resoluções sejam cada vez mais legítimas. Assim, o movimento jurídico do esporte protege a própria autonomia esportiva.

Ao refletir sobre o transconstitucionalismo sob a perspectiva esportiva, Neves avança em questões analisadas pela ordem

---

[119] Em https://leiemcampo.com.br/dutee-chand-e-caster-semenya-o-direito-de-ser-o-que-se-e-parte-2/.
[120] Em https://www.gazetadopovo.com.br/esportes/jogos-de-londres-marcam-estreia-de-mulheres-muculmanas-nas-olimpiadas-29yci3a0xhucg9ocqa1h4uvke/.

jurídica privada a partir do diálogo entre a *lex sportiva* e ordens jurídicas estatais. O autor sustenta que a "lex sportiva tem afirmado alto grau de autonomia perante o direito estatal, ocasionando impactos em questões de direitos individuais de natureza constitucional, especialmente no campo contratual e profissional" (NEVES, 2018, p. 197).

Antes de avançar em decisões recentes do TAS e no papel da Convenção Europeia de Direitos Humanos (CEDH), é importante entender o papel do Tribunal dentro do movimento privado do esporte, surgimento e irritações que mudaram rotas.

## 7.1 TRIBUNAL ARBITRAL DO ESPORTE

O Tribunal Arbitral foi criado em 1984, capitaneado pelo então presidente do Comitê Olímpico Internacional, Juan Carlos Samaranch, com a missão de criar um foro especializado para resolução de conflitos jurídicos no movimento esportivo.

Entre as características do TAS estão a especialidade, a neutralidade, custas, a confidencialidade e a celeridade, já que as decisões esportivas precisam ser proferidas rapidamente, para não prejudicar competições e trazer prejuízo à carreira de atletas, mais curtas do que a da maioria dos trabalhadores.

Como escreve Vinícius Calixto, em *Lex Sportiva e Direitos Humanos* (2017, p. 72):

> A especificidade do sistema esportivo, o seu caráter transconstitucional, a brevidade dos eventos competitivos e a necessidade de se garantir uniformidade na decisão dos litígios são algumas das razões que indicam que a instituição de um órgão central de resolução de disputa foi fundamental para a consolidação da lex sportiva.

O Tribunal incluía previamente uma tentativa de conciliação. Apesar de ser uma ideia, inicialmente a jurisdição do TAS não se imporia aos atletas ou às federações, senão estaria à livre disposição das partes. Ou seja, as partes escolheriam resolver litígios através do TAS.

Como explica Ramon Negócio em sua dissertação Lex Sportiva, da autonomia jurídica ao diálogo transconstitucional (2011, p. 56):

> O primeiro Estatuto do TAS estabelecia a sua composição em sessenta membros designados pelo COI, as FI's, os CON's e o Presidente do COI (15 membros cada). O presidente do COI designava os membros dos organismos mencionados. Porém, a modificação de Estatuto e os gastos para funcionamento do TAS eram suportados pelo COI, exceto pelos litígios contratuais de caráter pecuniário. Isso mostra que a existência deste órgão era condicionada ao suporte do COI. Havia apenas um procedimento contencioso que independia de natureza e acompanhava a convenção de arbitragem. O procedimento arbitral era iniciado em caso de falha na tentativa da primeira conciliação entre as partes.

Caminhando a passos lentos e financiado pelo Comitê Olímpico, o TAS não se firmava como referência jurídica no esporte, até que ele sofreu a contestação de um cavaleiro e teve que mudar. Depois disso, ganhou independência, autoridade e se tornou o tribunal esportivo mais importante de todos.

### 7.1.1 O CASO DO CAVALEIRO QUE MUDOU O RUMO DO TAS

Em fevereiro de 1992, oito anos após a criação do Tribunal, o cavaleiro Elmar Gündel foi punido pela Federação Equestre Internacional (FEI), que acusou a ocorrência de doping no cavalo do atleta. Com a decisão, Elmar foi desqualificado da competição, suspenso e multado. Ele recorreu ao TAS, e a suspensão caiu de três meses para um[121].

Mas Elmar seguia insatisfeito e recorreu junto ao Tribunal Federal Suíço, contestando, antes de tudo, a validade da sentença. Ele alegava que a decisão tinha sido tomada por um tribunal

---

[121] TAS, Sentença 92/63, de 15 de março de 1993.

privado que não preenchia as condições indispensáveis de imparcialidade e independência.

O Tribunal Federal Suíço não concordou com os argumentos da defesa de Elmar, reconhecendo no TAS as características de um verdadeiro tribunal arbitral. O Tribunal reforçou que como o TAS não era um órgão da Federação Equestre tinha total autonomia e independência para analisar a questão. Ou seja, o Tribunal Federal reconheceu a competência do Tribunal Arbitral do Esporte para analisar questões esportivas.

No entanto — e agora vem a decisão que mudou a história do TAS — o Tribunal Federal Suíço reconheceu o óbvio, que, por indicar membros e financiar o tribunal privado, as "estreitas ligações que existem entre o TAS e o COI" poderiam trazer sérios problemas à independência do TAS quando o COI fosse parte[122].

De acordo com Simon Gardiner (2011, p. 216):

> De fato, o TAS era financiado pelo COI, que detinha, ainda, a prerrogativa de mudar seus estatutos. Essas e outras questões fizeram com que os membros do Tribunal Federal Suíço colocassem em xeque a independência e autonomia do Tribunal Arbitral em eventuais questões que envolvessem diretamente o COI.

Essa decisão do caso Gündel determinou uma importante reforma do TAS, forçando o acatamento das recomendações do Tribunal Federal e, consequentemente, tornando-o independente do COI.

Dois anos depois, em novembro de 1994, nascia o "Conselho Internacional de Arbitragem em matéria de Esporte" (ICAS), que teria — entre outras missões — a função de financiar o TAS.

Segundo Vinícius Calixto (2017, p. 74):

---

[122] REEB, Matthieu. "Le Tribunal Arbitral du Sport: son histoire et son fonctionnement". In: Journal du Droit International Clunet, nº 1/2001. Paris : LexisNexis/JurisClasseur, pp. 234- 241.

Apesar de ainda sofrer críticas relacionadas ao substancial envolvimento do COI na formação do ICAS e à própria independência do TAS frente às entidades esportivas, é inegável goza atualmente de nova reputação conquistada a partir de sua reformulação.

A reforma do tribunal também criou duas turmas de arbitragem (ordinária e recursal), determinando claramente a separação entre os litígios julgados pelo TAS, isto é, enquanto instância única e recursal.

Após o episódio, também foi assegurado os direitos das partes frente ao TAS, assim como a nomeação dos primeiros membros do ICAS. Isso permitiu que a quase totalidade das federações internacionais e dos comitês olímpicos nacionais inserissem uma cláusula de arbitragem em seus estatutos delegando poderes ao TAS.

O Tribunal ganhou adesão indispensável, além da independência econômica para seguir caminhos de maneira autônoma dentro do movimento jurídico do esporte. Segundo Ramón Negócio, "ainda houve algumas FI's bastante representativas que resistiram por algum tempo, como a IAAF. Entretanto, mesmo esta, em 2001, passou a acataras decisões do TAS" (NEGÓCIO, 2011, p. 58).

## 7.1.2 A IMPORTÂNCIA DO TAS

Hoje, o Tribunal Arbitral do Esporte não só é a palavra final do movimento jurídico do esporte, a instância-mor da *lex sportiva*, como também suas decisões vão consolidando a necessária autonomia jurídica desse movimento transnacional.

Ramon Negócio em *Lex sportiva, da autonomia jurídica ao diálogo transconstitucional* escreve que: "Diante do exposto sobre a organização do TAS, enquanto centro da ordem jurídico-desportiva, ele consegue dar eficácia às suas decisões em tal estrutura."

Com a construção de uma jurisprudência própria, baseada em padrões interpretativos próprios, ele cresce em relevância e importância. Estas decisões, ao lado dos princípios gerais de Direito e da proteção de direitos humanos estão construindo a afirmação da autonomia da ordem desportiva de uma maneira séria, responsável e segura.

O TAS tem competência para julgar em quatro tipos de procedimentos.

A competência mais conhecida entre os brasileiros é o Procedimento Arbitral de Apelação. Ou seja, ele funciona como uma instância de apelação contra decisões proferidas por órgãos desportivos (como das federações, os comitês disciplinares, as ligas, entre outros) que tenham exaurido todas as instâncias disponíveis;

Mas ele também pode analisar disputas de uma única instância, como controvérsias de natureza contratual, que envolvam patrocínio, transferência de atletas e outros (Procedimento Arbitral Ordinário).

O TAS também cria um tribunal especial para resolver controvérsias em grandes eventos esportivos, como Copa e Olimpíadas (Divisões ad hoc).

E, por fim, é uma corte arbitral (Mediação).

Para que os casos sejam analisados pelo TAS é fundamental que exista a concordância entre as partes, o que na arbitragem se convencionou chamar de "cláusula compromissória". Ela pode estar estabelecida em contrato.

Nos procedimentos de apelação, a possibilidade normalmente se expressa nos regulamentos e estatutos das entidades esportivas que determinam o tribunal como foro competente para resolução de conflito em última instância.

O TAS se tornou uma fonte jurídica fundamental dentro do esporte. Ele conseguiu harmonizar uma rede jurídica complexa do sistema transnacional do esporte, criando princípios de aplicação na área e estabelecendo uma jurisprudência que serve de guia dentro do movimento esportivo.

Vinícius Calixto (2017, p. 77) entende que "a estabilização do Tribunal Arbitral do Esporte representa a consolidação de um polo central para resolução de disputas no âmbito desportivo. Os diferentes atores que compõem o sistema esportivo enxergam no TAS um local de referência e de amparo para suas demandas específicas".

Apesar dos avanços, Antoine Duval, em artigo intitulado *Lost in translation? The European Convention on Human Rights at the Court of Arbitration for Sport*, ainda entende que falta independência ao Tribunal. Escreve ele (tradução livre) (SPORTS LAW JOURNAL, 2022, p. 150):

> O controle estrutural exercido pelo Movimento Olímpico sobre o ICAS continua avassalador, enquanto o ICAS exerce competências decisivas de supervisão sobre o CAS e seus árbitros. Em outras palavras, compartilho da opinião do juiz dissidente do TEDH de que "o CAS não apresenta aparência de independência e que, de maneira mais geral, não oferece as garantias do artigo 6 § 1 da Convenção". Keller e Stone Sweet no contexto dos tribunais nacionais, quando existem "problemas estruturais maciços no funcionamento das instituições judiciais" um compromisso com a CEDH permanece geralmente superficial, sem efeitos transformadores reais na prática. Nesse sentido, os ativistas e reformistas de direitos humanos seriam bem aconselhados a direcionar sua defesa para garantir que os pré-requisitos institucionais para uma virada efetiva de direitos humanos no CAS estejam em vigor. Fazer com que as SGB abracem os direitos humanos em seus estatutos e políticas é um passo importante para eles no CAS, mas está longe de ser suficiente.

Apesar das críticas aos custos e à falta de independência e de publicidade nos julgamentos, é inegável o papel de relevância que o Tribunal tomou no esporte. Desde a criação do ICAS (órgão regulador, financiador e organizador do Tribunal), ele avançou em independência e transparência.

Hoje, é quase um consenso que o TAS é vital para a estabilidade da cadeia jurídica do esporte.

## 7.1.3 O TAS E A PROTEÇÃO DE DIREITOS HUMANOS NO MOVIMENTO PRIVADO DO ESPORTE

Em publicação científica, Antoine Duval abre uma análise sobre as decisões do Tribunal Arbitral do Esporte relacionadas a

Direitos Humanos dizendo que o cerne do trabalho do tribunal privado é a interpretação dos regramentos esportivos, mas que há um movimento apresentando um caminho interpretativo diferente.

Escreve ele logo na primeira página do documento (2022, p. 132), em tradução livre:

> O Tribunal Arbitral do Esporte (TAS) não é conhecido como um tribunal de Direitos Humanos. Em vez disso, seu foco principal é aplicar e interpretar os regulamentos dos órgãos governamentais do esporte (SGBs) internacionais (e às vezes nacionais). Só recentemente é que a intersecção entre a jurisprudência do TAS e os Direitos Humanos se tornou de interesse na literatura acadêmica e nos debates públicos. Em particular, a decisão Mutu e Pechstein do Tribunal Europeu dos Direitos Humanos (TEDH) em outubro de 2018 deixou claro que o TAS não escapa ao escrutínio indireto do tribunal de Estrasburgo.

A constatação de Duval não se encontra na linha do que pensadores trazidos neste trabalho entendem. Nas diretrizes anteriores, há um caminho que aponta que os Direitos Humanos estão na base da construção privada do esporte. De maneira resumida, como escreveu Wladimyr Camargos em artigo para o portal de Direito Desportivo *Lei em Campo*[123], "no esporte, a dignidade da pessoa humana precede qualquer valor vinculado à competição, ao rendimento esportivo. Desse modo, o esporte competitivo deve se amoldar sempre à plena vigência da prevalência dos direitos humanos."

O trabalho de Duval apresenta algo que merece atenção. Ele aponta que o tribunal privado tem tomado recentemente decisões tendo por base a Convenção Europeia de Direitos Humanos (CEDH) e a própria jurisprudência de tribunais estatais europeus de Direitos Humanos. Um caminho diferente do que se costumava registrar.

---

[123] Em https://leiemcampo.com.br/direito-internacional-dos-direitos-humanos-e-o-esporte/.

## 7 O TAS, A CORTE EUROPEIA DE DIREITOS HUMANOS E O ESPORTE

Os painéis do TAS, quando confrontados com fundamentos baseados na CEDH, foram instados muitas vezes a decidir, por exemplo, se a Convenção Europeia de Direitos Humanos era aplicável no âmbito dos procedimentos do tribunal privado.

Muitas decisões negaram a aplicabilidade da CEDH a disputas disciplinares envolvendo particulares[124]. A tese apresentada era a de que a aplicação da CEDH seria justificada exclusivamente contra a ação estatal. O exercício do poder público seria o gatilho necessário para a aplicação dos direitos garantidos na CEDH.

Em decisão do tribunal envolvendo a Federação Francesa de Natação, foi aplicado "que os direitos fundamentais processuais protegem os cidadãos contra violações de tais direitos pelo Estado e seus órgãos e, portanto, são aplicáveis apenas a uma jurisdição estabelecida por um Estado e não às relações jurídicas entre entidades privadas, como associações e seus membros"[125]. No mesmo caso, os árbitros sustentaram que "o TAS tem entendido reiteradamente que a CEDH não se aplica aos órgãos disciplinares de uma associação, que não podem ser qualificados como 'Tribunais' na acepção da CEDH".

Um posicionamento que vem ganhando uma oposição cada vez mais forte. Segundo Duval no seu artigo *Lost in translation? The European Convention on Human Rights at the Court of Arbitration for Sport* (2022, p. 134), tradução livre:

---

[124] CAS 2006/A/1102, Johannes Eder v/Ski Austria, award of 13 November 2006, para. 14; TAS 2006/A/1146 Agence Mondiale Antidopage (AMA/WADA) c/Johannes Eder &Ski Austria, para. 45; CAS 2008/A/1513 Emil Hoch v. Fédération Internationale de Ski (FIS) & International Olympic Committee (IOC), award of 29 January 2009, para. 9; CAS 2009/A/1957 Fédération Française de Natation (FFN) v. Ligue Européenne de Natation (LEN), award of 5 July 2010, paras 14-19; TAS 2011/A/2433 Amadou Diakite c. Fédération Internationale de Football Association (FIFA), award of 8 March 2012, para. 23; TAS 2012/A/2862 FC Girondins de Bordeaux c. Fédération Internationale de Football Association (FIFA), award of 11 January 2013, paras 105-107; CAS 2016/A/4697, Elena Dorofeyeva v. International Tennis Federation (ITF), award of 3 February 2017, para. 97.

3 CAS 2009/A/1957 Fédération Française de Natation (FFN) v. Ligue Européenne de Natation (LEN), award of 5 July 2010, para. 15.

[125] CAS 2009/A/1957 Fédération Française de Natation (FFN) v. Ligue Européenne de Natation (LEN), award of 5 July 2010, para. 15.

Uma posição tão rigorosa sobre a aplicabilidade da CEDH parece estar em desacordo com a função e operação peculiares da governança do esporte internacional. Na verdade, esta é uma área da vida social em que os órgãos privados (principalmente associações suíças) exercem poder regulador transnacional no interesse da comunidade esportiva.

Sobre a necessária proteção de direitos humanos no ambiente esportivo, escreve o professor de direito Paulo Feuz (2018, p. 103) que:

> O esporte é um dos elementos do piso vital mínimo sendo este no contexto constitucional um dos elementos da dignidade da pessoa humana, devendo ser tutelado, protegido e garantido sua aplicação, organização e gestão, para que o mesmo cumpra função social em nosso Estado.

Embora o esporte se utilize da autonomia e do consentimento para substanciar a força regulatória, quando esta prática se afasta da proteção de direitos humanos, o exercício da reflexão de faz necessário. Como a maioria das organizações internacionais tem o controle monopolista sobre determinado esporte, os membros dessa cadeia dificilmente conseguem fugir da sua jurisdição. Escreve Duval (tradução livre):

> Embora esses poderes sejam muitas vezes formalmente justificados com base no consentimento, na prática é difícil argumentar que o são. De fato, a maioria das SGBs tem controle monopolista sobre um determinado esporte, portanto, os participantes de competições esportivas internacionais dificilmente podem escapar de sua jurisdição. Em suma, é relativamente fácil argumentar que os SGBs são funcionalmente equivalentes às autoridades públicas e, portanto, devem obedecer à CEDH. (DUVAL, 2022, p. 134).

Independentemente dessa discussão, é importante trazer à reflexão o entendimento de que o Direito é uno. Quando se trata da proteção de direitos humanos, o compromisso público e privado é inafastável.

## 7 O TAS, A CORTE EUROPEIA DE DIREITOS HUMANOS E O ESPORTE

Escreve Júlio Cesar Finger (2000, p. 94):

> Os princípios constitucionais, entre eles o da dignidade da pessoa humana (CF, art. 1º, inciso III), que é sempre citado como um princípio-matriz de todos os direitos fundamentais, colocam a pessoa em um patamar diferenciado do que se encontrava no Estado Liberal. O direito civil, de modo especial, ao expressar tal ordem de valores, tinha por norte a regulamentação da vida privada unicamente do ponto de vista do patrimônio do indivíduo. Os princípios constitucionais, em vez de apregoar tal conformação, têm por meta orientar a ordem jurídica para a realização de valores da pessoa humana como titular de interesses existenciais, para além dos meramente patrimoniais. O direito civil, de um direito-proprietário, passa a ser visto como uma regulação de interesses do homem que convive em sociedade, que deve ter um lugar apto a propiciar o seu desenvolvimento com dignidade. Fala-se, portanto, em uma despatrimonialização do direito civil, como consequência da sua constitucionalização.

Com a proteção dos Estados soberanos, dos tratados internacionais e pela natureza esportiva, o que se nota é um avanço no relaxamento dogmático entre público e privado dentro da análise do TAS sobre a aplicação da Convenção Europeia de Direitos Humanos. Ou seja, uma nova postura interpretativa vem sendo observada.

### 7.1.4 UM OLHAR DIFERENTE DO TRIBUNAL

Em junho de 2022, o portal do Tribunal Arbitral do Esporte trouxe uma análise sobre esporte e Direitos Humanos sob a perspectiva de decisões do Tribunal. A declaração já apresenta um olhar diferente do TAS sobre questões de Direitos Humanos.

No documento de 28 páginas assinado por Estelle de La Rochefoucauld e Matthieu Reeb, o TAS começa apresentando regramentos do esporte que reforçam a necessária proteção de direitos humanos no ambiente esportivo para, em seguida, mostrar o papel da Convenção Europeia de Direitos Humanos em decisões do tribunal privado do esporte.

Segundo Antoine Duval em seu artigo *Lost in translation? The European Convention on Human Rights at the Court of Arbitration for Sport*, o tribunal esportivo estaria passando por um processo parecido com o que a Corte Europeia de Direitos Humanos (CEDH) passou:

> Ao contrário dos estados nacionais, a crescente "recepção" da CEDH no CAS não é resultado de uma mudança formal na Convenção, por meio da adoção de um protocolo específico ou de sua ratificação. Pelo contrário, esta evolução é uma reminiscência do processo que levou a CEDH a tornar-se relevante no contexto do direito da UE, uma vez que a UE não é até hoje signatária da CEDH. Foi o reconhecimento interno pela UE da relevância da CEDH e a pressão externa exercida pelo TEDH na revisão das decisões dos Estados signatários relacionadas com a UE que levaram a uma crescente integração das normas da CEDH no direito da UE. Uma dinâmica semelhante caracterizada por uma dialética entre drivers internos e externos parece estar em jogo no contexto do CAS e, mais amplamente, da *lex sportiva*. (DUVAL, 2022, p. 136).

Sobre o movimento olímpico, o TAS apresenta os princípios da Carta Olímpica 4 (*A prática do esporte é um direito humano. Todo indivíduo deve ter a possibilidade de praticar esporte, sem discriminação de qualquer tipo e no espírito olímpico, que exige compreensão mútua com espírito de amizade, solidariedade e jogo limpo*) e 6 (*o gozo dos direitos e liberdades estabelecidos nesta Carta Olímpica será assegurado sem discriminação de qualquer tipo, como raça, cor, sexo, orientação sexual, idioma, religião, opinião política ou de outra natureza, origem nacional ou social, propriedade, nascimento ou outra condição*) como base da construção dos regramentos do movimento.

O documento destaca também a importância da Regra 2.18, incluída na Carta em 2019, que diz que "*O papel do COI é promover o esporte seguro e a proteção dos atletas contra todas as formas de assédio e abuso*". Além disso, reforça que o princípio 6 da

Carta Olímpica agora também é refletido no Artigo 13.2(a), do requisito básico para escolha das sedes olímpicas[126].

Em fevereiro de 2017, após a adoção da Agenda Olímpica 2020 em dezembro de 2014, obrigações com foco na proteção dos direitos humanos foram adicionadas ao Contrato da Cidade Sede.

Outro ponto salientado é que a maioria dos abusos de direitos humanos relacionados aos Jogos podem se enquadrar em uma das seguintes categorias:

(i) violação de direitos trabalhistas;
(ii) despejos forçados;
(iii) repressão dos direitos civis, em particular o direito à liberdade de expressão e o direito de reunião pacífica.

O texto afirma (tradução livre) que é:

> Importante notar que os Princípios Orientadores da ONU mencionados no Artigo 13.2.b 2024 HCC são uma estrutura legal não vinculativa destinada a minimizar os impactos adversos sobre os direitos humanos desencadeados por atividades de negócio. (SPORT AND HUMAN RIGHTS, 2022, p. 1).

Além de avançar nos regramentos internos recentes do Comitê Olímpico Internacional sobre proteção de direitos humanos (que serão analisados também mais à frente nesse trabalho), o documento trata da atenção que o movimento privado do futebol tem dado a essa questão.

Segundo o documento, o compromisso da FIFA abrange todos os direitos humanos reconhecidos internacionalmente, incluindo aqueles contidos na Carta Internacional dos Direitos Humanos (que consiste na Declaração Universal dos Direitos Humanos, bem como Pacto dos Direitos Civis e Políticos e do Pacto Internacional dos Direitos Econômicos, Sociais e Culturais) e a Declaração

---

[126] Em https://www.fadu.pt/files/protocolos-contratos/PNED_publica_CartaOlimpica.pdf.

da Organização Internacional do Trabalho sobre Princípios e Direitos Fundamentais no Trabalho.

Sobre os artigos 3 e 4[127] do Estatuto da Entidade, que trata da *não discriminação, igualdade e neutralidade,* o documento traz opinião de Antoine Duval (tradução livre):

> Por meio da integração dos direitos humanos no artigo 3º do Estatuto da FIFA, é possível que eles desempenhem maior papel em disputas no CAS, que se invocado pelas partes teriam que avaliar a conformidade de uma determinada decisão da FIFA ou regulamento com direitos humanos internacionalmente reconhecidos. (2019, n. p.).

E, um pouco adiante, Duval afirma que:

> No entanto, a disponibilidade de tal via processual para desafiar a compatibilidade das decisões da FIFA com os direitos humanos dependerá de muitos dos atores afetados que têm relação com o TAS. A FIFA também pode permitir que terceiros afetados contestem suas decisões por motivos de direitos humanos no Tribunal de Arbitragem para o Esporte. (2019, n. p.).

O documento destaca também que o artigo 2 da *Política de Direitos Humanos*[128] da FIFA pode ter impactos adversos sobre os direitos humanos de pessoas pertencentes a grupos ou populações específicos que exigirão atenção especial, devendo considerar outros padrões e princípios internacionais sobre os direitos de tais indivíduos, incluindo, em particular, os padrões relativos aos povos indígenas, mulheres, nacionalidade, etnia, minorias religiosas e linguísticas, crianças, pessoas com deficiência[129].

---

[127] Em https://digitalhub.fifa.com/m/7af12a40897b1002/original/azwxwekfmxonfdixwv1m-pdf.pdf.
[128] Em https://www.fifa.com/search-results?q=Pol%C3%ADtica%20de%20Derehttp%3A%2F%2Fresources.fifa.com%2Fmm%2Fdocument%2Faffederation%2Ffootballgovernance%2F02%2F89%2F33%2F12%2Ffifashuman.
[129] https://www.tas-cas.org/fileadmin/user_upload/2022.06.20_Human_Rights_in_sport__20_June_2022_.pdf, p. 6.

O texto traz ainda que, dada a natureza de suas operações, o envolvimento da FIFA com impactos adversos aos direitos humanos é mais provável de ocorrer através das suas relações com outras entidades. Os principais riscos aos direitos humanos da FIFA incluem, por exemplo: direitos trabalhistas, aquisição de terras e direitos de moradia, discriminação, segurança e direitos dos jogadores[130].

Outro item levantado pelo documento trata da importância do compromisso trazido pelos regulamentos da FIFA com o *due dilligence*. Em função dessa política, a entidade incorpora seu compromisso em toda a organização em um processo contínuo de investigação para identificar, abordar, avaliar e comunicar os riscos de envolvimento com impactos adversos sobre os direitos humanos[131].

Ou seja, o TAS avança nos regramentos internos do esporte para explicar a aplicação das normas trazidas pela Convenção Europeia de Direitos Humanos sob a égide do tribunal privado do esporte. O documento traz exemplos da aplicação do artigo 6º, §1, da CEDH que versa sobre o direito a um julgamento justo; do artigo 8º, que trata do direito ao respeito pela vida privada e familiar; do direito a uma audiência pública consagrado do artigo 6.º, n.º 1, da CEDH; do privilégio contra a autoincriminação, protegido pelo artigo 6º.

Enfim, o documento do TAS reforça um novo olhar do Tribunal sobre as questões envolvendo os Direitos Humanos. Ele apresenta regramentos internos do esporte que ajudam a explicar esse caminho alcançado por diferentes e importantes motivos.

Como escreveu Duval em citação anterior, não só em função dos regramentos internos que estão reforçando compromisso do esporte com direitos humanos, mas muito em função das irritações trazidas pelo escrutínio do Tribunal Federal Suíço (última instância recursal para decisões esportivas), de cortes de

---

[130] Idem.
[131] Ibid.

proteção de direitos humanos, mas também da pressão da opinião pública.

Alguns casos ilustram esse comportamento.

### 7.1.4.1 A DERROTA DE UM JOGADOR E DE UMA PATINADORA QUE FOI COMEMORADA PELO MOVIMENTO ESPORTIVO

O dia 2 de outubro de 2018 trouxe alívio para o movimento jurídico privado do esporte. Nesta data, a Corte Europeia de Direitos Humanos (CEDH) emitiu julgamento há muito esperado sobre o caso Pechstein e Mutu v. Suíça[132]. O julgamento tratava sobre a compatibilidade do artigo 6º, nº 1 da Convenção Europeia de Direitos Humanos com o procedimento do *Tribunal Arbitral do Esporte*.

Os personagens do processo, a patinadora alemã Claudia Pechstein e o ex-jogador de futebol Adrian Mutu, de nacionalidade romena, buscaram o Tribunal Europeu, separadamente, contestando a validade das sentenças decididas contra eles pelo TAS. Eles já tinham apresentado a contestação anteriormente sem sucesso ao Tribunal Federal Suíço, questionando a independência e imparcialidade do Tribunal Arbitral e a natureza da arbitragem forçada do TAS. Eles alegaram que seus direitos a um julgamento justo, no sentido do artigo 6 (1) da Convenção Europeia de Direitos Humanos, foram violados.

Adrian Mutu foi um atacante que apareceu com destaque no final dos anos 1990 e início dos anos 2000. Rápido e habilidoso, foi considerado um dos maiores jogadores romenos deste século, e recebeu o apelido de "O Brilhante". Mas é sobre uma passagem que não engrandece essa biografia que vamos avançar. Em 2005, ele teve o contrato rescindido unilateralmente pelo Chelsea por *doping* e condenado a pagar uma multa milionária[133].

---

[132] Em http://hudoc.echr.coe.int/eng?i=001-186434.
[133] Em https://trivela.com.br/inglaterra/mutu-e-condenado-a-pagar-e-168-milhoes-a-chelsea/.

## 7 O TAS, A CORTE EUROPEIA DE DIREITOS HUMANOS E O ESPORTE

O *doping* contraria o espírito esportivo. Por conta disso, a Justiça Esportiva o pune com rigor. São vários os casos de atletas que perderam grandes eventos por conta de *doping*. Ídolos de um país como o nadador chinês Sun Yang[134], campeões mundiais como o norte-americano Christian Colleman[135], artilheiros como Paolo Guerrero[136] e tantos outros receberam penas pesadas que trouxeram prejuízos desportivos gigantes para suas carreiras. Mas não é só o esporte que se vê agredido pelo *doping*, essa punição também afeta a economia do esporte.

Em 2003, o Chelsea investiu 15 milhões de libras na contratação de Mutu, que era do Parma. Um ano depois, ele foi flagrado no *antidoping* por uso de cocaína e suspenso pela FIFA por sete meses. O clube inglês rescindiu seu contrato alegando justa causa.

Sem contrato, o jogador se transferiu para a Juventus e o clube londrino entrou com uma ação na Corte de Resolução de Conflitos da FIFA cobrando um ressarcimento por violações dos termos de contrato de trabalho. Após dois julgamentos na FIFA, ficou definido que o jogador teria que pagar multa de US$ 20 milhões, mas Mutu recorreu ao TAS.

O Tribunal Arbitral do Esporte ratificou a decisão[137], mantendo a suspensão do atleta e a multa milionária. O romeno não se entregou, e então decidiu apelar ao Tribunal Federal Suíço, um tribunal estatal que revisa decisões do TAS dentro do movimento jurídico privado do esporte. Ele alegava que o TAS "não era independente, nem imparcial", características inseparáveis da justiça.

O tribunal analisou o caso e definiu que "a apelação apresentada pelo jogador romeno foi considerada infundada[138]", que o

---

[134] Em https://www.record.pt/modalidades/natacao/detalhe/sun-yang-perde-ultimo-recurso-em-processo-de-doping-e-so-regressa-em-2024.
[135] Em https://esportes.estadao.com.br/noticias/geral,campeao-mundial--dos-100m-christian-coleman-e-punido-por-perder-exames-antidoping,70003336076.
[136] Em https://leiemcampo.com.br/caso-guerrero/.
[137] Em CAS 2005/A/876 M. v. Chelsea Football Club.
[138] Em 4A_458/2009.

painel do TAS poderia ser considerado independente e imparcial e definiu que o clube londrino deveria receber o valor estipulado pela FIFA no primeiro julgamento.

Um ano depois da decisão, Adrian Mutu solicitou a proteção da Corte Europeia de Direitos Humanos, argumentando, essencialmente, que não teve direito a um julgamento em um tribunal "independente e imparcial". Alegou também a natureza da submissão à arbitragem forçada do TAS, afirmando que seus direitos a um julgamento justo, na acepção do artigo 6 da Convenção Europeia de Direitos Humanos, tinham sido violados.

Já Claudia Pechstein, patinadora de velocidade profissional que ganhou mais de cinquenta medalhas em competições internacionais, também enfrentou um julgamento por *doping*.

Em 2009, a União Internacional de Patinação (ISU) suspendeu a atleta por dois anos, depois de testar positivo em exame *antidoping*. Pechstein recorreu da decisão perante o TAS, que, após a audiência pertinente, confirmou a suspensão imposta pela ISU. Posteriormente, o Tribunal Federal Suíço também indeferiu sua ação que consistia na anulação da sentença proferida pelo CAS.

Nesse contexto, a patinadora recorreu a tribunais estatais alemães. No entanto, tanto o Tribunal de Apelação de Munique quanto o Tribunal Federal Alemão emitiram decisões indeferindo as reivindicações da atleta. Então, ela decidiu tomar o mesmo caminho de Mutu.

Pechstein apresentou uma reclamação junto à Corte Europeia, alegando que seus direitos fundamentais contidos no artigo 6.º, n.º 1, da CEDH, foram violados, que devido ao caráter "forçado" da cláusula compromissória contida na Regras da ISU, não havia renunciado adequadamente aos seus direitos. Além disso, alegou que seus direitos não foram respeitados por um "tribunal independente e imparcial" e que ela não teve uma "audiência pública", apesar de ter solicitado uma. Apresentou igualmente um pedido de indenização por danos ao abrigo do artigo 41º da CEDH pelas perdas sofridas, ao contestar sem sucesso a decisão do TAS nos tribunais alemães.

## 7 O TAS, A CORTE EUROPEIA DE DIREITOS HUMANOS E O ESPORTE

A Corte Europeia, entendendo as semelhanças nos pedidos dos reclamantes, decidiu julgar os dois casos em um mesmo documento.

Em outubro de 2018, o tribunal se manifestou[139]. A decisão não foi favorável ao jogador e à patinadora. A Corte afirmou que o painel do TAS não era incompatível com o artigo 6 da Convenção de Direitos Humanos. A decisão destacou que o TAS era um tribunal imparcial e independente.

No que dizia respeito ao financiamento do TAS por entidades desportivas, a CEDH destacou que os tribunais estatais são financiados pelos governos e considera que este aspecto, por si só, não é suficiente para estabelecer a falta de independência ou imparcialidade dessas jurisdições. Por analogia, a Corte entende que não é possível estabelecer a falta de independência ou imparcialidade do TAS com base em seu sistema de financiamento.

A decisão trouxe um alívio ao movimento esportivo. Ela confirmou que o TAS é um tribunal arbitral independente e que sua arbitragem (e a indicação e designação de seus árbitros) é compatível com os direitos processuais fundamentais e o devido processo legal. Uma decisão diferente colocaria em xeque toda a cadeia jurídica privada do esporte.

Segundo Antoine Duval (2022, p. 145):

> A partir daí, parece difícil argumentar que os procedimentos do TAS não estão sujeitos ao artigo 6 §1 da CEDH, embora ainda haja debates para determinar se os procedimentos do TAS estão em conformidade com as garantias do devido processo nele consagradas.

Logo após a decisão Pechstein da CEDH, o TAS mudou suas regras para permitir audiências públicas em algumas circunstâncias.

---

[139] Em ECtHR, Mutu and Pechstein v. Switzerland, appl. no. 40575/10 & 67474/10, Third Section, Judgment of 2 October 2018.

Mais concretamente, foi alterado o artigo R57[140] do Código de Arbitragem Desportiva. Ele passa a dispor que: "A pedido de pessoa singular que seja parte no processo, deve ser realizada audiência pública se a matéria for de natureza disciplinar" (tradução livre).

No entanto, dispõe ainda que: "O pedido pode, contudo, ser indeferido no interesse da moral, da ordem pública, da segurança nacional, quando o interesse dos menores ou a proteção da vida privada das partes o exigirem, quando a publicidade prejudicar os interesses da justiça, quando os processos se referem exclusivamente a questões de direito ou quando já foi pública uma audiência realizada em primeira instância" (TAS, 2020, p. 26).

Em novembro de 2019, houve a primeira audiência pública com base em novos procedimentos do TAS, que foi transmitida ao vivo, quando do julgamento do nadador chinês Sun Yang. No entanto, o Tribunal tem negado ainda vários pedidos de audiências públicas[141].

O caso também mostra como a verificação externa exercida por tribunais estatais, como o Tribunal Federal Suíço e outros tribunais nacionais que cumpram normas com base na CEDH, tem papel decisivo para proteger dentro do TAS os direitos fundamentais e o devido processo legal.

### 7.1.4.2 MESSI, UM DIRIGENTE PALESTINO E A FIFA

Muito embora os gritos e atitudes nos estádios mostrem o contrário, o esporte começa a entender que a proteção de direitos humanos é inafastável do movimento esportivo. Cada vez mais os próprios órgãos privados do movimento jurídico do esporte têm utilizado de regras estatais de defesa da dignidade humana em casos de governança esportiva.

---

[140] Em https://www.tas-cas.org/fileadmin/user_upload/Codigo_del_TAS_2020_ESP_.pdf.
[141] Em https://jurisprudence.tas-cas.org/Shared%20Documents/5746.pdf#search=%22public%20hearing%22.

## 7 O TAS, A CORTE EUROPEIA DE DIREITOS HUMANOS E O ESPORTE

O Tribunal Arbitral do Esporte tem apresentado decisões que contrariam um entendimento anterior de prevalência das regras de governança, mesmo em questões que envolvessem a proteção de direitos humanos. Um exemplo teve como personagem um dos maiores jogadores de futebol de todos os tempos, Lionel Messi.

Tudo aconteceu em 2018 por conta de um amistoso marcado pela Argentina contra a seleção de Israel em Jerusalém, o que provocou uma forte reação da comunidade islâmica por causa da disputa histórica entre os povos pela cidade.

O presidente da Associação Palestina de Futebol, Jibril Rajoub, foi além da reclamação. Ele pediu aos torcedores do país que queimassem camisetas de Lionel Messi, devido ao jogo que seria realizado. O dirigente acabou sendo punido pela FIFA, em processo disciplinar em função dos registros feitos pela imprensa[142].

Da decisão, houve recurso ao Tribunal Arbitral do Esporte. Acontece que dentro do painel, em um processo privado, foi invocada a jurisprudência da Corte Europeia de Direitos Humanos sobre liberdade de expressão para contestar a sanção da FIFA. Portanto, um caso disciplinar que envolvia a FIFA e o presidente de uma Federação Nacional acabou trazendo regras estatais de Direitos Humanos para um tribunal privado.

A sentença do TAS[143] distinguiu a situação da jurisprudência da CEDH invocada pelo dirigente, afirmando que os casos citados envolviam equilibrar "interesses de direito penal (estatais/

---

[142] CAS 2018/A/6007 Jibril Rajoub v. Fédération Internationale de Football Association (FIFA), award of 18 July 2019, para. 34 ["It is also remarkable that the FIFA Disciplinary Committee imposed a sanction for inciting hatred when the case law of the ECtHR considers that burning a t-shirt, a photograph or even a flag is nothing but an expression of free speech. Mr Rajoub submits that 'we are not even admitting that Mr. Rajoub may have proposed to burn a t-shirt what we are saying is something very simple: even burning a t-shirt is part of the right to the freedom of speech and it seems that for FIFA such a right, recognised both in Swiss law and the ECHR seems to disturb FIFA [sic]. FIFA can't live and act as if the Swiss law and the ECHR doesn't affect them'. With reference to the decisions of the ECtHR, the FIFA Appeal Committee argued that the case law is not applicable, but Mr Rajoub submits that it is."].
[143] Idem p. 93.

públicos) contra a liberdade de expressão de um indivíduo", ao contrário do assunto em questão que dizia respeito "aos interesses privados da FIFA".

Em vez disso, seguiu a decisão, "o equilíbrio a ser feito pelo Painel é, portanto, entre o interesse da FIFA em suprimir ações que incitam o ódio, às quais o dirigente se submeteu voluntariamente, mesmo que essas contrariassem o exercício de sua liberdade de expressão"[144].

A esse respeito, o Painel concluiu "que uma associação — com base na relação jurídica contratual especial — pode impor deveres mais rígidos aos seus membros do que os deveres impostos aos cidadãos pela lei penal". Isso ocorre porque as associações "têm grande liberdade para administrar seus próprios assuntos e o dirigente poderia livremente optar por não cumprir suas obrigações como funcionário da FIFA, renunciando a qualquer função que o sujeite às regras e regulamentos da FIFA".

A conclusão final do Painel é que "o equilíbrio oscila a favor da FIFA"[145], pois determina que o dirigente "excedeu os limites legítimos da liberdade de expressão ao visar pessoas que não têm qualquer envolvimento direto nas questões políticas entre Israel e Palestina".

Além disso, o Painel considerou que a declaração do dirigente não foi proporcional, pois "pediu a 'todo mundo' que queimasse camisas de Messi, em países árabes e islâmicos, usando a mídia de massa para transmitir sua mensagem". Ademais, à luz de sua "alta posição política", suas "declarações tiveram um impacto muito maior do que um indivíduo 'anônimo' fazendo parte de uma manifestação maior queimando uma camiseta"[146].

Sobre a decisão, escreveu Antoine Duval (2022, p. 144):

> Este é um exemplo raro de um caso em que o CAS se envolveu em uma avaliação relativamente extensa da conformidade de um

---

[144] Ibid. p. 94.
[145] Ibid. p. 95.
[146] Ibid. p. 96.

SGB com um direito humano consagrado na CEDH e sua interpretação pelo TEDH. Embora se possa discordar do resultado dessa avaliação, é perceptível que o Painel realizou uma revisão de estilo constitucional da proporcionalidade da decisão da FIFA.

Para terminar, o jogo acabou sendo cancelado em função da grande pressão internacional. Os palestinos comemoraram muito o cancelamento do amistoso, ao mesmo tempo em que o governo israelense lamentou que os argentinos tenham cedido "aos que pregam o ódio contra Israel".

Para o presidente da Federação Palestina de Futebol, "o que aconteceu é um cartão vermelho do resto do mundo aos israelenses, para que compreendam que têm o direito apenas de organizar, ou jogar futebol, dentro de suas fronteiras reconhecidas internacionalmente"[147], disse, em referência ao status diplomático contestado de Jerusalém.

O caso mostra o crescente reconhecimento da aplicabilidade "indireta" da Convenção Europeia de Direitos Humanos e de decisões da Corte Europeia de Direitos Humanos pelos painéis do TAS. Assim sendo, sobre a compatibilidade de uma sanção disciplinar com o direito à liberdade de expressão consagrado no artigo 10º da CEDH veremos no próximo item.

## 7.2 A JURISPRUDÊNCIA E A LEGITIMIDADE DO TAS

Os casos apresentados mostram caminho que alguns painéis do tribunal privado do esporte têm tomado. Mesmo assim, esse ainda não é um padrão interpretativo do TAS. Como escreve Antoine Duval (2022, p. 148):

> No futuro, os painéis do TAS provavelmente estarão mais atentos aos argumentos do Artigo 6 §1 da CEDH, mas ainda é improvável

---

[147] Em https://sportv.globo.com/site/programas/copa-2018/noticia/politica-x--futebol-cancelamento-de-jogo-gera-debate-entre-palestina-e-israel.ghtml.

que eles encorajem mais reformas institucionais. Em vez disso, a verificação externa exercida pelo TEDH, o SFT e potencialmente outros tribunais nacionais com base na CEDH, continua sendo crucial para garantir que o TAS funcione de maneira compatível com os direitos fundamentais do devido processo legal.

A vigilância e esse novo olhar vão dando ao tribunal mais legitimidade, fazendo com que ele se consolide cada vez mais como o local de solução de controvérsias no âmbito esportivo. Dentro da ideia apresentada anteriormente por Teubner, de sustentação do sistema através da autorreferência dos membros da cadeia associativa, escreve Vinícius Calixto em *Lex Sportiva e Direitos Humanos* (2017, p. 77):

> Destaca-se, portanto, que a estabilização do Tribunal Arbitral do Esporte representa a consolidação de um polo central para resolução de disputas no âmbito desportivo. Os diferentes atores que compõem o sistema esportivo enxergam no TAS um local de referência e de amparo para suas demandas esportivas.

Segundo Latty (2007), na mesma linha, o reconhecimento generalizado do TAS pela maior parcela da comunidade organizada que constitui o movimento esportivo é um sinal da coesão existente entre seus componentes.

É essa adesão, conquistada através da legitimidade e da integridade, que dá suporte às cláusulas compromissórias, um elemento importantíssimo de sustentação desse movimento jurídico privado. Como ensina Jean Nicolau, na obra *Direito Internacional Privado do Esporte* (2018, p. 299):

> Especificamente no que concerne aos esportistas, a submissão à competência do TAS costuma ocorrer da seguinte forma: ao assinar sua inscrição federativa nacional, todo esportista adere, por referência, não apenas às normas da entidade em questão, mas igualmente às normas da federação internacional à qual esta última submete-se. Destarte, o atleta termina por reconhecer, ainda que por ricochete, a jurisdição recursal da máxima corte esportiva.

## 7 O TAS, A CORTE EUROPEIA DE DIREITOS HUMANOS E O ESPORTE

Ramon Negócio em artigo *Lex sportiva, da autonomia jurídica ao diálogo transconstitucional,* trazendo Luhmann, escreve sobre papel que o Tribunal assume ao ganhar cada vez mais legitimidade (2011, p. 61-62).

> Quanto mais legislação, mais competência judicial. A consequência disto se apresenta na relação circular entre legislar e julgar: restrição recíproca do espaço de decisão. Nota-se que não há uma hierarquia entrelaçada entre julgar e legislar, ou seja, não existe a sobreposição de um sobre o outro, mas uma relação de circularidade. Trazendo a reflexão da separação do Poderes para o contexto da lex sportiva, "O procedimento jurisdicional deve cumprir e aplicar a lei, mas é através dele que o texto legal toma um sentido normativo". A partir disso, "a própria validade daquilo a que se subordina a jurisdição depende da definição jurisprudencial.

Em seu livro *Lex Sportiva e Direitos Humanos*, Calixto escreve que (2017, p. 78):

> A instituição do TAS também representa a criação de um arcabouço jurisprudencial que orienta a tomada de decisões futuras e, em segunda análise, desempenha também um papel normativo, pois suas decisões acabam por orientar comportamentos futuros.

E conclui Calixto (2017, p. 78):

> Portanto, constata-se a formação de uma rede de precedentes decididos sob um conjunto de fontes de diferentes origens e forma um arcabouço cada vez mais consistente e orientador.

Apesar desse olhar, Duval destaca que:

> Os casos em que a CEDH é usada como um controle constitucional tangível sobre a autoridade privada de SGBs permanecem muito raros no CAS. Isso levanta a questão em que condições uma virada para os direitos humanos no CAS poderia ser benéfica para aqueles, em particular os atletas, cujas liberdades e

interesses são afetados principalmente pelas regulamentações e decisões dos SGBs? Os direitos humanos são notoriamente abertos e definidos em um alto nível de abstração, eles estão necessariamente sujeitos a interpretação. Ferramentas argumentativas, como a análise de proporcionalidade, permitem sua aplicação contextual em casos específicos e deixam uma considerável margem de discricionariedade aos juízes que as empregam. Isso implica que advogados talentosos, como os árbitros do CAS, estão em posição de usar seletivamente a jurisprudência do TEDH para chegar a resultados preferenciais. Portanto, se os direitos humanos e a CEDH em particular devem ser úteis no CAS para oferecer um contrapoder à autoridade reguladora privada exercida pelos SGBs, é essencial garantir que os árbitros do CAS sejam totalmente independentes dos órgãos que eles devem verificar. Atualmente, infelizmente, este não é o caso. (DUVAL, 2022, p. 149).

A jornada é permanente, o processo exige atenção e as conquistas servem de oxigêncio para seguir em frente. Algumas delas surgem depois de grandes perdas.

# 8 O "CASO GEORGE FLOYD"

Apesar dos avanços apontados pelos pensadores acima, a estrutura jurídica do movimento olímpico passa por um questionamento coletivo. Como se viu anteriormente, tendo como ideia manter o ambiente esportivo distante dos conflitos políticos, o esporte se utiliza de regramentos internos, entre eles a Regra 50 do Comitê Olímpico Internacional, que proíbe manifestações políticas em eventos esportivos. A história mostra, como se viu, que várias manifestações de atletas foram punidas com base nesse dispositivo.

Depois do "Caso George Floyd", o mundo do esporte se uniu de maneira rara para proteger algo que é da sua natureza: direitos humanos. Com uma mobilização espontânea e coletiva, atletas se posicionaram no combate ao racismo, obrigando líderes do Comitê Olímpico Internacional, da FIFA, e até da conservadora NFL (a liga nacional estadunidense de futebol americano), a se posicionarem, declarando que a manifestação de atletas contra o preconceito faz parte da necessária proteção de direitos humanos.

## 8.1 A MORTE DE GEORGE FLOYD PARA O ESPORTE

George Floyd nunca teve uma relação com o esporte, nem com movimentos sociais relevantes. Mas foi usando o nome dele que um grande movimento contra o racismo começou nos Estados Unidos e se espalhou pelo planeta, atingindo o esporte. Atletas, marcas, equipes e até as conservadoras entidades esportivas se posicionaram e se uniram no combate ao racismo, vencendo um silêncio muitas vezes constrangedor[148].

Floyd teve sua morte gravada e compartilhada nas redes sociais, o que revoltou o mundo. O estadunidense negro morreu depois que um policial branco permaneceu ajoelhado sobre seu pescoço durante nove minutos, mesmo com Floyd algemado e afirmando que não conseguia respirar[149].

A morte de Floyd desencadeou uma série de protestos em diversos pontos dos Estados Unidos e movimentou o esporte no mundo. Muitos atletas, como o jogador de basquete LeBron James e o piloto Lewis Hamilton, se pronunciaram sobre o caso. Alguns foram além, e se juntaram às manifestações, como Karl-Anthony Towns, pivô do Minnesota Timberwolves, da NBA, e Jaylen Brown, ala-armador do Boston Celtics[150] (TNT SPORTS, 2020).

Essas manifestações provocaram irritações no sistema transnacional do esporte, que engloba regras, cultura e decisões jurídicas. Pressionados, FIFA e COI foram obrigados a se posicionar. A NBA (associação nacional estadunidense de basquete) avançou mais, tomou medidas concretas depois do episódio e de uma paralisação dos atletas. Mesmo assim, o movimento olímpico e o futebol também foram atingidos.

## 8.2 AS CONSEQUÊNCIAS NO FUTEBOL

No futebol, os atletas Jadon Sancho e Achraf Hakimi, do Borrusia Dortmund, expuseram publicamente seu apoio à causa de combate ao racismo e protesto pela morte de George Floyd na

---

[148] Em Revista Veja: disponível https://veja.abril.com.br/esporte/esportistas-se-unem-em-protestos-raciais-neymar-e-cobrado-por-omissao/.
[149] Em G1.com: disponível https://g1.globo.com/mundo/noticia/2020/06/01/george-floyd-morreu-por-asfixia-mostra-autopsia-requerida-pela-familia.ghtml.
[150] Em EI: disponível em https://www.esporteinterativo.com.br/melhorfuteboldomundo/Atletas-se-unem-em-homenagens-a-George-Floyd-e-manifestaes-contra-o-racismo-20200531-0018.htm.

primeira rodada da Bundesliga depois do assassinato e da paralisação em função da pandemia do coronavírus[151].

Sancho recebeu cartão amarelo pela manifestação. Os dois atletas correram o risco de serem punidos pelo movimento esportivo alemão. Regulamentos proíbem manifestações de cunho político dos atletas dentro de campo.

Como exemplo, na Copa do Mundo de 2018, a FIFA puniu o volante Granit Xhaka, o atacante Xherdan Shaqiri e o lateral Stephan Lichtsteiner por comemorações na vitória da Suíça sobre a Sérvia, pela 2ª rodada da fase de grupos[152].

Eles celebraram os gols cruzando as mãos e entrelaçando os polegares. O sinal é uma referência à águia que integra a bandeira da Albânia, país que reconhece e apoia a existência do estado de Kosovo, que por sua vez trava uma disputa geopolítica justamente com os sérvios, adversário daquele confronto.

De acordo com a Fifa, os atletas desrespeitaram o artigo 57 do Código Disciplinar por "comportamento contrário aos princípios do fair play durante comemorações de gols" por terem feito um sinal simbolizando a bandeira da Albânia.

Xhaka e Shaqiri receberam multas de 10 mil francos suíços (R$ 38,27 mil) cada, enquanto Lichtsteiner terá que pagar 5 mil francos suíços (R$ 19,13 mil).

No entanto, os atletas Jadon Sancho e Achraf Hakimi, que se manifestaram politicamente contra o preconceito após a morte de Floyd, não foram punidos. A pressão da sociedade e dos atletas mudou a leitura dos fatos. A atitude dos dois foi replicada por atletas e aplaudida pela opinião pública.[153]

---

[151] Portal Deutsche Welle: disponível em https://www.dw.com/pt-002/jogadores-da-bundesliga-pedem-justi%C3%A7a-por-george-floyd/a-53657625.
[152] Em https://www.espn.com.br/futebol/artigo/_/id/4461241/xhaka-e-shaqiri-sao-multados-pela-fifa-por-comemoracao-polemica-mas-escapam-de-suspensao.
[153] Em https://www.dw.com/pt-002/jogadores-da-bundesliga-pedem-justi%C3%A7a-por-george-floyd/a-53657625

Pressionada, em comunicado oficial, a Federação Alemã disse que não puniria os jogadores[154]. O futebol alemão entendeu que não se tratava de uma manifestação de cunho político/partidário, mas da defesa de algo maior e inegociável: a proteção de direitos humanos. Essa leitura mais extensiva, baseada em princípios, acabou pesando, e não a fria leitura do regulamento. A FIFA teve papel decisivo nesse entendimento.

A entidade-mor do futebol mundial se posicionou rapidamente sobre as manifestações em defesa do combate ao racismo que se espalharam em vários países. Ela orientou os organizadores das competições a não implementar as sanções das regras do jogo nessas manifestações. O presidente Gianni Infantino disse que "tributos a Floyd mereciam aplausos e não sanções". A entidade faz uma leitura mais ampla do caso, valorizando o necessário combate ao preconceito[155]. Uma postura que também reforça um compromisso estatutário.

A principal entidade do futebol mundial incluiu em maio de 2017 em seu Estatuto, no art. 3, a previsão de que a "FIFA está comprometida com o respeito aos direitos humanos internacionalmente reconhecidos e deverá empreender esforços para promover a proteção desses direitos"[156].

Nessa hora, FIFA e atletas também ganharam a companhia de clubes e marcas.

A marca de produtos esportivos Nike postou um vídeo nas redes sociais onde se lia: "não finja que esse problema não existe". O vídeo foi compartilhado pela concorrente Adidas[157].

O Internacional, time da elite do futebol brasileiro, também se manifestou: "o Clube do Povo precisa se manifestar e lutar contra

---

[154] Em https://pt.besoccer.com/noticia/alemanha-nao-punira-jogadores-que-protestaram-contra-racismo-842500.
[155] Em Rádio Notícias: disponível emhttps://www.tsf.pt/desporto/presidente-da-fifa-diz-que-tributos-a-george-floyd-merecem-aplausos-e-nao-sancoes-12269355.html
[156] Em fifa.com: disponível em https://resources.fifa.com/image/upload/the-fifa-statutes-2018.pdf?cloudid=whhncbdzioo3cuhmwfxa.
[157] Em Youtube: disponível em https://www.youtube.com/watch?v=drcO2V2m7lw.

o racismo". Clubes como Santos, Palmeiras, Corinthians, Flamengo e outros também se manifestaram[158].

Em um momento em que é preciso proteger direitos humanos, o esporte se posicionou da maneira necessária, independentemente de ter sido provocado pela pressão de atletas e opinião pública. Ele levantou a voz no combate ao preconceito, contrariando um histórico recente de silêncio.

## 8.3 OS IMPACTOS NO COI

A pressão de atletas, patrocinadores e coletivos globais de direitos humanos também chegou ao movimento olímpico. Diante da situação, o Comitê Olímpico Internacional (COI) se manifestou.

Em um comunicado após o "Caso George Floyd", o COI se posicionou contra o racismo, lembrando que a não discriminação é um dos pilares do esporte, presente inclusive na Carta Olímpica[159].

> O gozo dos direitos e liberdades estabelecidos nesta Carta Olímpica será assegurado sem discriminação de qualquer tipo, como raça, cor, sexo, orientação sexual, idioma, religião, opinião política ou outra, origem política ou outra, origem nacional ou social, propriedade, nascimento ou outro status.

A mensagem lembrou Pierre de Coubertin, fundador do COI e o "pai" do Olimpismo. Coubertin disse que "não teremos paz até que os preconceitos que agora separam as diferentes raças sejam sobrevividos. Para alcançar esse objetivo, que melhor meio existe do que reunir os jovens de todos os países periodicamente para testes amigáveis de força e agilidade muscular?"

---

[158] Em ESPN.com.br: disponível em https://www.espn.com.br/futebol/artigo/_/id/7001164/clubes-brasileiros-se-unem-fazem-manifestacoes-contra-racismo-redes-sociais-veja-postagens.

[159] Em UOL.com: disponível em https://www.uol.com.br/esporte/colunas/lei-em-campo/2020/06/10/coi-tambem-se-posiciona-contra-o-racismo-nao-ha-outro-caminho-no-esporte.htm

Um dos princípios do Olimpismo é que "toda e qualquer forma de discriminação relativamente a um país ou a uma pessoa com base na raça, religião, política, sexo ou outra é incompatível com o Movimento Olímpico[160]."

Um pouco antes do comunicado, em entrevista por vídeo no dia 10 de junho de 2020[161], o presidente do Comitê Olímpico Internacional, Thomas Bach, disse que a entidade apoiava a iniciativa da Comissão de Atletas para que sejam exploradas diferentes formas para se expressar apoio aos princípios da Carta Olímpica, o que inclui protestos contra o racismo.

No entanto, o artigo 50 da Carta Olímpica[162] sempre foi usado para tentar preservar a neutralidade política em competições olímpicas, mesmo permitindo que os atletas expressem opiniões depois dos seus eventos. Como visto anteriormente, a história mostra que gestos feitos durante a competição ou em cerimônias de premiação foram historicamente usados para punir manifestações de atletas, até no combate ao racismo[163].

A Olimpíada é um evento esportivo organizado por uma entidade privada e que tem seus objetivos inspirados por essa espécie de "Carta Magna" do Olimpismo. A Regra 50 tem como princípio destacar o caráter "não ideológico" da entidade ao proibir, em qualquer instalação olímpica, manifestações e propaganda política, religiosa ou racial.

A proibição tem como cerne promover a ideia de um movimento apolítico, como também proteger patrocinadores do evento que podem não querer ter a marca vinculada a uma ideia política.

Inclusive, a regra 50 da Carta Olímpica é recebida pelo ordenamento jurídico brasileiro. O art 1º da Lei 9615/98, no § 1º, recep-

---

[160] Em https://www.fadu.pt/files/protocolos-contratos/PNED_publica_CartaOlimpica.pdf.
[161] Em https://esportes.estadao.com.br/noticias/geral,coi-debatera-afrouxamento-da-proibicao-de-manifestacoes-politicas-na-olimpiada,70003331342.
[162] Em https://www.fadu.pt/files/protocolos-contratos/PNED_publica_CartaOlimpica.pdf.
[163] Em https://impulsiona.org.br/atletas-negros/.

ciona "as normas internacionais e regras de cada modalidade", e, o § 3º diz que "os direitos e garantias estabelecidos nesta Lei e decorrentes de princípios constitucionais do esporte não excluem os oriundos de tratados e acordos internacionais firmados pela República Federativa do Brasil"[164].

Segundo a advogada Ana Paula Terra, em entrevista para o portal Lei em Campo, a adequação da regra seria caminho necessário:

> O objetivo da regra não foi proibir a liberdade de expressão, mas seu conteúdo tem essa consequência. Não considero que a regra deva ser abolida, mas adequada aos novos tempos em que o atleta é conhecido por sua performance esportiva, mas a usa para promover causas e ideias. Assim, acredito que a regra deveria conter uma ressalva que ligasse a liberdade de expressão à competição, justamente os valores olímpicos. Crenças e agendas que fossem, ao contrário, racistas, a favor do nazismo, não deveriam ser permitidas, justamente por não combinarem com o espírito de união pregado pelo Olimpismo. Esse é o cuidado. (TERRA, 2020, n.p.)[165]

O movimento coletivo e espontâneo de atletas provocou um grande debate dentro da cadeia associativa olímpica. A *Global Athlete* (movimento internacional dos atletas) foi uma das principais responsáveis em conseguir com que a entidade olímpica discutisse internamente mudanças na Regra 50 da Carta Olímpica. A pressão acontecia há anos, mas ganhou ainda mais força depois que o presidente do COI, Thomas Bach, disse que puniria os competidores que protestassem nos Jogos Olímpicos por causa da morte de George Floyd[166].

Em outubro de 2022, o COI lançou um questionário a todos os atletas a respeito da liberdade de expressão dentro do movimen-

---

[164] Em http://www.planalto.gov.br/ccivil_03/leis/l9615consol.htm.
[165] Em https://leiemcampo.com.br/alteracao-na-regra-50-da-carta-olimpica-podera-trazer-mudanca-historica-para-o-esporte/.
[166] Em https://oglobo.globo.com/esportes/pressionado-coi-lancara-pesquisa-mundial-sobre-proibicao-as-manifestacoes-dos-atletas-24673173.

to e sobre possíveis alterações na Regra 50[167]. Ou seja, de maneira histórica os atletas foram chamados a participar de mudanças nos regramentos internos do movimento olímpico.

Pouco depois, em dezembro de 2020, o Comitê Olímpico e Paralímpico dos Estados Unidos (USOPC) causou surpresa ao anunciar que não iria mais punir atletas que se manifestarem por causas de justiça social ou racial. A entidade também pediu mudanças na Regra 50 da Carta Olímpica, que impede que os competidores se manifestem nos eventos esportivos.

A CEO do Comitê, Sarah Hirshland, disse que[168]:

> O USOPC valoriza as vozes dos atletas americanos e acredita no direito deles de defender causas de justiça social e racial e que eles são uma força positiva para a mudança, totalmente alinhados com os valores fundamentais de igualdade que definem o 'Team USA' e os movimentos olímpicos e paraolímpicos.

No comunicado, o comitê norte-americano ainda pediu ao Comitê Olímpico Internacional que fizesse mudanças na Regra 50 da Carta Olímpica que proíbe "qualquer demonstração de propaganda política, religiosa ou racial em qualquer área, local ou equipamento da competição olímpica".

Mesmo assim, após meses de consultas, a Comissão de Atletas do COI recomendou manter a proibição de protestos e manifestações políticas durante os Jogos Olímpicos de Tóquio (2021). Além de incluir o pódio, a orientação também passou a ser para o local em que os jogos acontecerem e nas cerimônias oficiais[169].

---

[167] Em https://www.cob.org.br/pt/galerias/noticias/comissao-de-atletas-do-coi-promove-pesquisa-sobre-regra-50-com-atletas-olimpicos-/.
[168] Em https://leiemcampo.com.br/comite-olimpico-dos-estados-unidos-nao-punira-atletas-que-se-manifestarem-por-causas-sociais-e-raciais-em-competicoes.
[169] Em https://www.em.com.br/app/noticia/superesportes/2021/07/22/interna_superesportes,1288939/entenda-as-regras-sobre-protestos-politicos-em-jogos-olimpicos.shtml.

Apesar do resultado, a comissão, em documento de 42 páginas[170], pediu uma espécie de "reestruturação" da Regra 50 da Carta Olímpica e uma maior clareza nas punições por violações à regra por atletas. Ao término da reunião, o COI afirmou que houve um avanço, apontando a flexibilização em alguns pontos já válidos para os Jogos Olímpicos de Tóquio, realizados em 2021.

Em entrevista ao portal Lei em Campo, a professora de Direitos Humanos Mônica Sapucaia disse que o resultado foi um "retrocesso" (2021, n. p.)[171]:

> Cidadania significa poder se colocar como sujeito de direito e opinar, debater, discutir a realidade do seu país, da sua região, do mundo. Não é possível que acreditem ser democrático calar os esportistas.

Mônica entende ainda que[172]:

> A ideia de que a Olímpiada não pode ser um espaço de protesto é uma atitude antidemocrática, que não entende o ambiente de sociabilidade e de diálogo. Esporte faz parte da forma como a sociedade se entende, se observa, se representa, logo ele faz parte da conversa política.

A professora concluiu dizendo[173]:

> Entidades privadas não podem determinar o que o atleta fale ou deixe de falar. Isso é um cerceamento direto à liberdade de expressão, ao direito de posicionamento e a forma como você dialoga com a sociedade como um todo. É impensável que no estado direito tenha uma norma que proíba as pessoas de se posicionarem dentro dos parâmetros legais.

---

[170] chrome-extension://efaidnbmnnnibpcajpcglclefindmkaj/https://olympics.com/athlete365/app/uploads/2021/04/IOC_AC_Consultation_Report-Athlete_Expression_21.04.2021.pdf.
[171] Em https://leiemcampo.com.br/apesar-de-flexibilizacao-coi-mantem-principios-da-regra-50-nos-jogos-olimpicos-de-toquio-especialistas-analisam.
[172] Idem.
[173] Ibid.

No relatório apresentado, a Comissão de Atletas enviou sugestões ao COI de locais que seriam adequados para manifestações de atletas. São eles: cerimônias de abertura e encerramento, na Vila Olímpica, em roupas usadas pelos atletas, nas redes sociais e mensagens digitais durante a apresentação dos esportes.

Uma pesquisa também foi incluída no documento. Nela, 70% dos entrevistados acreditam que as competições e cerimônias oficiais não são espaço para manifestações e protestos. Ao longo dos 11 meses, 3.547 atletas de 185 países e 41 modalidades esportivas foram ouvidas. Para 67%, o pódio também não deve ser palco de manifestações[174].

Ainda no relatório, 48% dos atletas disseram acreditar ser importante que sejam criadas "oportunidades para a expressão dos atletas durante os Jogos". Eles sugerem também que haja um momento durante a cerimônia de abertura do evento para a "solidariedade contra a discriminação".

Ao fim, o relatório conclui que muitos atletas se utilizam do argumento de liberdade de expressão para protestar. No entanto, a Comissão de Atletas afirmou que, após uma consulta com especialistas em Direitos Humanos, a liberdade de expressão dos atletas "não é absoluta" e "pode ser limitada" durante os Jogos Olímpicos.

Apesar da limitação à liberdade de expressão, que foi mantida, houve avanço significativo na participação democrática dentro do COI, com o debate sendo aberto para atletas após uma pressão espontânea e coletiva. A decisão, embora ainda questionável juridicamente, trouxe mais legitimidade à regra que continua na contramão da defesa de direitos humanos e devolveu estabilidade ao sistema jurídico privado, resolvendo a "patologia" criada com as manifestações.

---

[174] Em https://www.surtoolimpico.com.br/2021/04/apos-pesquisa-comissao-de-atletas-do.html.

## 8.4 CENÁRIO ESPORTIVO ESTADUNIDENSES: NFL, NASCAR E NBA

A morte de Floyd desencadeou transformações também no cenário esportivo dos EUA, que têm uma formação diferente das cadeias olímpicas e do futebol, por isso são mais independentes. A pressão dos atletas acabou virando o jogo em esportes tradicionais.

O dia 27 de agosto de 2020 foi histórico[175] para o basquete estadunidense e para o esporte mundial. Por conta da violência policial contra negros, os atletas do Milwaukee Bucks não entraram em quadra para enfrentar o Orlando Magic pelo quinto jogo dos *playoffs* da conferência leste. O protesto ganhou a adesão de outras franquias e a rodada acabou sendo adiada.

Um dia depois, a NBA[176] divulgou uma nota junto com a associação de jogadores dizendo que a temporada recomeçaria, depois de alguns acertos:

- criação de uma aliança entre jogadores, técnicos e donos de franquias para promover maior engajamento na discussão de causas sociais;
- transformação dos centros de treinamento das franquias em zonas eleitorais;
- uso de espaços publicitários no incentivo à participação em campanhas contra o preconceito racial.

Ou seja, atletas se uniram, defendendo uma causa que entendem como justa e plural, e não só mudaram a relação que tem com o basquete, como também ajudaram na construção de um mundo melhor.

A tradicional NFL, a liga profissional estadunidense de futebol americano, também se manifestou. A Liga, assim como a NBA,

---

[175] Em https://g1.globo.com/jornal-nacional/noticia/2020/08/27/jogadores-da-nba-lideram-protestos-contra-o-racismo-nos-estados-unidos.ghtml.
[176] Em https://leiemcampo.com.br/unidos-atletas-nao-so-mudam-regras-como-tambem-ajudam-a-transformar-o-mundo.

é independente, mas também se curvou ante a necessidade de combater a discriminação[177]. "Estávamos errados ao não ouvir os jogadores mais cedo e a encorajá-los a falar e protestar pacificamente. Nós, NFL, acreditamos no 'Black Lives Matter'. Apoiamos os jogadores que fizerem ouvir a sua voz e tomarem atitudes", disse Roger Goodell, chefe da NFL, em vídeo publicado nas redes sociais depois da morte de Floyd, e de manifestações de atletas da Liga.

O posicionamento da Liga fez com que muitos lembrassem de Colin Kaepernick, um atleta que ganhou a antipatia do ex-presidente Donald Trump por defender o combate à desigualdade racial e que acabou sendo punido pela postura.

A história do jogador poderia ser contada como a da maioria dos atletas, por seus feitos esportivos. Com uma carreira de destaque no futebol americano universitário, o *quarterback* atingiu o auge esportivo ao liderar o San Francisco 49ers no Super Bowl de 2013.

Mas o momento que mudou a história do atleta aconteceu três anos depois, em 2016. Kaepernick se ajoelhou durante o hino nacional dos EUA como forma de protesto contra o racismo e a violência policial. O gesto foi repetido por alguns colegas de equipe e por adversários.

No dia 5 de julho daquele ano, Alton Sterling[178], um homem negro de 37 anos, foi baleado várias vezes após ser derrubado por dois policiais brancos em Louisiana. Toda a ação foi filmada. No dia seguinte, Philando Castile[179], homem negro de 32 anos, foi parado por um policial enquanto dirigia acompanhado de sua namorada e da filha dela, de apenas 4 anos. Após ser solicitada a sua carteira de motorista, Castile informou calmamente ao policial que tinha licença para portar arma e que havia uma arma no

---

[177] Em https://www.espn.com.br/nfl/artigo/_/id/7016338/comissario-admite-que-nfl-estava-errada-e-encoraja-jogadores-a-protestarem-contra-o-racismo.
[178] Em https://www.theguardian.com/us-news/2016/jul/07/alton-sterling-death-ive-been-sick-ever-since-they-murdered-him.
[179] Em https://abcnews.go.com/US/minnesota-cop-killed-philando-castile-released-recognizance/story?id=43643526.

carro. Na sequência, o oficial de polícia disparou sete vezes contra Castile, vitimando-o fatalmente.

Os assassinatos de Sterling e Castile escancaram ainda mais a violência policial contra a população negra, desencadeando uma onda de protestos em vários lugares nos EUA. A indignação atingiu o ápice em 2016.

O gesto de Kaepernick simbolizou o protesto dentro da poderosa NFL e provocou também um movimento contrário. O então presidente Donald Trump encabeçou as críticas contra os atletas, e a Liga — usando da autorregulação — decretou sanções a quem não respeitasse o hino. Kaepernick deixou o 49ers ao final da temporada, e nunca mais foi contratado por nenhuma franquia.

O protesto do atleta se tornou um símbolo do esporte na luta antirracista. Atletas da Fórmula 1[180], do futebol[181] e de vários outros esportes já se manifestaram contra o preconceito da mesma forma antes de eventos esportivos, repetindo Kaepernick. Além do amplo movimento que iniciou em 2016, Kaepernick também ajudou organizações sociais que combatiam a violência policial e a fome infantil e auxiliavam desabrigados, doando mais de um milhão de dólares.

Depois do gesto do atleta, a NFL formalizou um acordo com um grupo de 40 atletas, no final de 2017, para doar o valor de 89 milhões de dólares a organizações que atuam pela reforma do sistema criminal, pela responsabilização policial e por ações de educação afro-americana nas escolas.

Em 2019, os advogados dos atletas Colin Kaepernick e Eric Reid[182] anunciaram a assinatura de um acordo confidencial para encerrar a ação judicial que os atletas moviam contra a NFL. Os atletas processaram a NFL sob o argumento de que a liga havia

---

[180] Em https://www.grandepremio.com.br/f1/noticias/seis-pilotos-ignoram-protesto-contra-racismo-e-nao-se-ajoelham-antes-da-largada-na-austria.
[181] Em https://www.espn.com.br/futebol/artigo/_/id/8425433/futebol-se-ajoelha-em-protestos-contra-o-racismo-mas-segue-acumulando-injurias-raciais-em-campo.
[182] Em https://www.theguardian.com/sport/2020/sep/14/eric-reid-attacks-disingenuous-nfl-for-using-kaepernick-in-video-campaign.

promovido um boicote dos times para que não os contratassem, como retaliação por conta dos protestos iniciados por Kaepernick em 2016.

Mas foi só depois de quase quatro anos que a declaração do chefe da NFL, em função da repercussão da morte de George Floyd, soou como um pedido de desculpas ao atleta.

A Nascar também foi impactada pelo "Caso George Floyd". A principal categoria de automobilismo dos Estados Unidos anunciou que proibiria[183] a exibição em suas provas e propriedades da bandeira confederada, associada por muitos ao racismo e à escravidão no país.

Em um comunicado, a organização informou que a presença desse símbolo em seus eventos "contraria nosso compromisso de oferecer um ambiente acolhedor e inclusivo para todos os fãs, nossos competidores e nossa indústria". Portanto, "a exibição da bandeira confederada será proibida em todos os eventos e propriedades da Nascar", destacou.

A exibição da bandeira confederada era muito comum nos circuitos onde são realizadas as etapas da Nascar, principalmente no sul dos Estados Unidos, e sua presença gerou crescente inquietação.

A decisão também foi tomada após pressão dos atletas. Dias antes, o piloto afro-americano da Nascar, Darrell 'Bubba' Wallace, havia pedido a remoção da bandeira. Wallace usava uma camisa apoiando os protestos, com a frase "Não consigo respirar"[184] durante uma corrida. "Meu próximo passo é me livrar de todas as bandeiras confederadas", disse Wallace.

---

[183] Em https://www.em.com.br/app/noticia/internacional/2020/06/10/interna_internacional,1155682/contra-racismo-nascar-vai-proibir-bandeira-confederada-nas-corridas.shtml.
[184] Em https://celebrity.land/pt/bubba-wallace-consegue-uma-vitoria-revolucionaria-da-nascar-em-talladega/.

## 8.5 UMA DERROTA DO DÉFICIT DEMOCRÁTICO NA CADEIA ESPORTIVA

Os acontecimentos que sucederam a morte de George Floyd mudaram regulamentos, reforçaram compromissos com direitos humanos e superaram um histórico déficit democrático de participação coletiva de atletas na discussão sobre a construção do esporte.

De acordo com Andrea Florence, diretora interina da *Sport and Rights Alliance*, uma aliança global de organizações da sociedade civil que atuam no esporte e Direitos Humanos, os últimos movimentos dos atletas foram muito importantes. Andrea deu entrevista ao Instituto de Estudos da Religião em 18 de agosto de 2021[185].

> Com certeza os atletas estão se pronunciando mais. O movimento Black Lives Matter nos Estados Unidos foi precursor dos protestos antirracistas nos Jogos e os atletas ajudaram a propagar os ideais. Até por isso, o Comitê Olímpico tentou banir o ativismo de atleta, mas uma semana antes das Olimpíadas voltou atrás e disse que tudo bem, que poderia haver manifestações. (FLORENCE, 2021, n. p.).

Entendendo que esporte e Direitos Humanos não se separam, Andrea acredita que o episódio lembrou a força coletiva que os atletas têm.

> O direito de protesto dos atletas não pode ser limitado pelo Comitê Olímpico Internacional e as Olimpíadas mostraram isso. Os posicionamentos vão aumentar porque os atletas estão vendo que não têm como dissociar o esporte dos direitos humanos. Os atletas estão percebendo o poder que têm, pois são o produto e o trabalho das Olimpíadas e dos megaeventos. Então todo o poder é deles. (FLORENCE, 2021, n. p.).

---

[185] https://www.iser.org.br/noticia/destaques/o-que-as-olimpiadas-de-toquio--ensinaram-sobre-a-garantia-de-direitos-humanos-no-esporte.

Mesmo com o resultado da consulta sobre a Regra 50 da Carta Olímpica aos atletas, o caso evidenciou como tensão gera mudança de fora para dentro. Mobilizados, os atletas mostraram a força que muitos ainda desconhecem ter. Eles fazem parte da cadeia associativa do esporte. E, por isso, precisam ter voz nas discussões, inclusive sobre regras. A verdade é que o sistema em que o esporte se organiza sofre com um histórico de pouca participação coletiva dos atletas na construção esportiva.

Katia Rubio também aponta avanços importantes na proteção de direitos humanos em função da provocação gerada pelo movimento dos atletas. Para a escritora, é fundamental o movimento esportivo entender o contexto e os anseios dos membros da cadeia associativa.

> Mesmo diante da dificuldade de se adaptar às transformações sociais é preciso atentar que esse modelo centralizador e unilateral tem cada vez menos espaço de diálogo e manobra no contemporâneo. Ou seja, ou o Movimento Olímpico se revê ou ele está fadado ao esgotamento que vivem outras instituições seculares ao redor do planeta. Porém, diferentemente de instituições pautadas em dogmas, o COI está organizado e assessorado por profissionais que estão sensíveis às demandas da sociedade, seja por idealismo ou por necessidades comerciais. A busca pelo debate sobre as questões que norteiam o Olimpismo sugere um redirecionamento não apenas político do Movimento Olímpico. Abrir-se para temas negligenciados no passado aponta para uma preocupação verdadeira sobre as repercussões de fatos que denotam discriminação, preconceito e desrespeito à sociedade. (RUBIO, 2019, p. 36).

De acordo com a reflexão proposta nessas linhas, o COI, pela natureza do esporte e como observador das Nações Unidas, deveria ter uma análise mais ampla de contextos. A partir de uma leitura mais profunda do movimento, abraçar o artigo 19 da Declaração Universal dos Direitos Humanos, que declara[186]: "Todo

---

[186] Em https://www.unicef.org/brazil/declaracao-universal-dos-direitos-humanos.

mundo tem direito à liberdade de opinião e expressão; esse direito inclui a liberdade de, sem interferência, ter opiniões e de procurar, receber e transmitir informações e ideias por quaisquer meios e independentemente de fronteiras".

Pelo exposto até aqui, a conclusão é a de que as regras esportivas não cumprem com os princípios do esporte quando limitam a liberdade de expressão. De maneira espontânea, coletiva e contundente, os atletas provocaram, a partir dessa mudança cultural, uma irritação que trouxe diálogo e transformação dos regramentos esportivos.

# 9 APRENDIZADOS

Irritações provocam diálogos e esses podem desencadear transformações. O "Caso George Floyd" e o movimento *Black Lives Matter* impactaram diretamente o esporte, o que acelerou um processo de autoanálise, avançando na proteção de direitos humanos e na participação dos atletas dentro das cadeias associativas.

## 9.1 FIFA

Depois do escândalo *Fifagate*, a entidade máxima do futebol precisou criar uma agenda positiva e passou a dar mais atenção à governança e à proteção de direitos humanos. Como foi visto anteriormente, o Relatório Ruggie foi um marco que guiou a construção das normativas internas do futebol.

O Estatuto da FIFA é o documento mais importante da regulação privada da cadeia associativa do futebol. Já no artigo 3º, ele trata de direitos humanos, trazendo um compromisso. Ele diz: A FIFA "está comprometida em respeitar todos os direitos humanos reconhecidos internacionalmente e se esforçará para promover a proteção desses direitos" [187] (tradução livre).

O artigo 4º reforça esse compromisso, tratando do combate à discriminação e da busca pela igualdade e neutralidade. Diz ele que: "Discriminação de qualquer tipo contra um país, pessoa privada ou grupo de pessoas por conta de raça, cor da pele, origem étnica, nacional ou social, gênero, deficiência, língua, religião,

---

[187] Em https://digitalhub.fifa.com/m/7af12a40897b1002/original/azwxwekfmxonfdixwv1m-pdf.pdf.

opinião política ou qualquer outra opinião, riqueza, nascimento ou qualquer outro status, orientação sexual ou qualquer outra razão é estritamente proibida e punível com suspensão ou expulsão" (tradução livre).

Mesmo assim, em seguida, e ainda no artigo 4, o Estatuto reforça a ideia de neutralidade, afirmando que a FIFA permanece neutra em questões de política e religião. *Exceções podem ser feitas em relação às questões afetadas pelos objetivos estatutários da FIFA,* grifo do autor.

Também importante destacar o Código Disciplinar da Fifa que, em 2019, passou a tratar com mais rigor a proteção de direitos humanos, determinando "zero tolerância a atos discriminatórios"[188].

Um pouco antes, em 2017, a Política de Direitos Humanos da FIFA[189] foi elaborada em função da pressão externa internacional e de patrocinadores. Era preciso agir para melhorar a imagem da entidade.

Segundo Vinícius Calixto, *no livro Lex Sportiva e Direitos Humanos,* a política passou a ser um compromisso que a cadeia esportiva do futebol precisa assumir:

> As recomendações do Relatório Ruggie deram origem à política de Direitos Humanos da Fifa, consolidadas no documento publicado em maio de 2017. Essa política define padrões de conduta para a Fifa e reflete as suas expectativas para entidades que com ela se relacionam, como as confederações regionais, afiliadas comerciais e patrocinadores. (CALIXTO, 2017, p. 206).

No documento, logo na apresentação, está determinado que "a FIFA está comprometida em respeitar os direitos humanos de acordo com os Princípios Orientadores das Nações Unidas sobre Negócios e Direitos Humanos (UNGPs)"[190] (tradução livre).

---

[188] Em https://digitalhub.fifa.com/m/6c72d1b0d64b3be2/original/os7adxtjooxfqw3kdpl3-pdf.pdf.
[189] Em https://digitalhub.fifa.com/m/1a876c66a3f0498d/original/kro5dqyhwr1uhqy2lh6r-pdf.pdf.
[190] Idem.

## 9 APRENDIZADOS

Para Andrea Florence, diretora da *Sport and Rights Alliance,* que atua no esporte e Direitos Humanos, existe uma dificuldade nessa política[191]:

> A principal referência das organizações que atuam para a garantia de direitos humanos no esporte é o UN Guiding Principles on Business and Human Rights, os Princípios Orientadores da Organização das Nações Unidas sobre Empresas e Direitos Humanos. Como ainda não são tratados internacionais e estão sendo discutidos pela ONU, a maioria dessas organizações se esquiva da responsabilidade de garanti-los. (FLORENCE, 2021, n. p.).

O artigo 2 da Política de Direitos Humanos da FIFA[192] traz que a determinação reconheceu que o compromisso da FIFA abrange todos os direitos humanos reconhecidos internacionalmente, incluindo os contidos na Declaração Internacional dos Direitos Humanos (constituída pela Declaração Universal dos Direitos Humanos, pelo Pacto Internacional sobre Direitos Civis e Políticos e pelo Pacto Internacional sobre Direitos Econômicos, Sociais e Culturais) e pela Declaração da Organização Internacional do Trabalho sobre Princípios e Direitos Fundamentais no Trabalho (tradução livre).

No artigo 5[193], a política trata dos riscos a direitos humanos na atividade da entidade e no artigo 6 sobre a necessidade de governança e integridade, com análises necessárias pela entidade sob o ponto de vista dos Direitos Humanos.

Através da integração dos direitos humanos no artigo 3º do Estatuto da FIFA, do Código Disciplinar e da Política de Direitos Humanos, se nota um movimento do futebol na proteção da própria autonomia, entendendo a necessidade de não se afastar de direitos universais.

---

[191] Em https://www.iser.org.br/noticia/destaques/o-que-as-olimpiadas-de-toquio--ensinaram-sobre-a-garantia-de-direitos-humanos-no-esporte
[192] https://digitalhub.fifa.com/m/1a876c66a3f0498d/original/kro5dqyhwr1uhqy-2lh6r-pdf.pdf.
[193] Idem.

Também é possível entender que os documentos tenham um peso maior nas disputas no Tribunal Arbitral do Esporte, com os intérpretes e partes tendo que avaliar o cumprimento de uma determinada decisão ou regulamento da FIFA com base nos direitos humanos reconhecidos internacionalmente e nos próprios regulamentos privados.

No site oficial da FIFA já há um compromisso da entidade com os Direitos Humanos. No texto, a instituição reconhece sua obrigação de defender a dignidade inerente e a igualdade de direitos de todos os afetados por suas atividades[194].

A entidade destaca ainda que a "Política de Direitos Humanos da FIFA elabora esse compromisso estatutário e descreve a abordagem da FIFA para sua implementação de acordo com os Princípios Orientadores da ONU sobre Empresas e Direitos Humanos. Desde 2016, a FIFA construiu um programa estratégico para incorporar o respeito aos direitos humanos em todas as operações e relacionamentos da organização.[195]"

No que diz respeito às competições da FIFA, este programa envolve medidas como:

- integrar os requisitos de direitos humanos nos processos licitatórios para competições e como fator na seleção posterior dos anfitriões;
- desenvolver avaliações de risco de direitos humanos específicas para eventos e estratégias de mitigação de risco que abranjam tópicos importantes como direitos trabalhistas, antidiscriminação, liberdade de imprensa e liberdade de expressão;
- estabelecer e implementar mecanismos de reclamação e trabalhar para garantir a remediação onde ocorreram impactos adversos;

---

[194] Em https://www.fifa.com/social-impact/human-rights.
[195] Idem.

- desenvolver relatórios sobre as medidas de *due diligence* tomadas.

Como avanço trazido por essa política, há de se destacar a Copa de 2026, com sede em três países: Canadá, México e Estados Unidos. Ela foi a primeira a ter no contrato com o país-sede cláusulas de Direitos Humanos.

A determinação traz para o ambiente esportivo debate necessário e contemporâneo indispensável à sociedade, aos Estados e aos organismos internacionais. Com essa novidade, a entidade também protege a própria autonomia, evitando irritações que a vigilância do Estado poderia trazer. Como disse a advogada Ana Paula Terra, em entrevista ao portal Lei em Campo[196]:

> De todos os benefícios oriundos da adoção das práticas originárias dos Direitos Humanos na organização de eventos esportivos, cabe destacar a vantagem de que tais práticas servirão como defesa para a preservação da autonomia esportiva: ao eleger os Direitos Humanos como condição essencial para a realização dos eventos de sua propriedade, o sistema FIFA fortalece sua governança ao mitigar os riscos reputacionais e de imagem, prevenir os prejuízos decorrentes de ações judiciais, individuais e coletivas e tornar o evento ainda mais atrativo aos que buscam apoiar iniciativas com propósito. O que se garante, portanto, é a sustentabilidade do modelo através de medidas de autorregulação. (TERRA, 2022, n. p.).

De acordo com a entidade máxima do futebol, as novas medidas que visam garantir os direitos humanos nos torneios foram adotadas após uma consulta com várias partes interessadas, além do apoio técnico de um órgão da ONU (Organização das Nações Unidas). A Copa de 2026 foi a primeira que a FIFA implementou regras nesse sentido em uma grande competição ainda durante sua organização.

---

[196] Em https://leiemcampo.com.br/fifa-trata-direitos-humanos-como-foco-principal-na-copa-do-mundo-de-2026.

Na triagem feita pela FIFA para a escolha de cada cidade-sede, foram abordadas as partes envolvidas, risco/avaliação, medidas, oportunidades e o "remédio" para solucionar problemas.

Como parte dessas medidas, os países sedes do Mundial precisam se comprometer a seguir obrigatoriamente os princípios orientadores da ONU sobre empresas e direitos humanos e a desenvolver estratégias nessa proteção.

O movimento está muito ligado também à escolha do Qatar como sede da Copa de 2022, que trouxe prejuízos à imagem da FIFA. Segundo o jornal britânico The Guardian, em reportagem de fevereiro de 2021[197], mais de 6,5 mil trabalhadores imigrantes teriam morrido durante as obras dos estádios para a Copa do Mundo. O país negou esses dados e confirmou apenas três óbitos durante esse processo.

Fora isso, outro ponto bastante discutido foi em relação à discriminação contra a população LGBTQIA+. Apesar das autoridades locais garantirem que todas as pessoas de todas as orientações sexuais seriam bem-vindas, jornalistas da Dinamarca, Suécia e Noruega fizeram uma reportagem há poucos meses do mundial em hotéis do Qatar, indicados pela FIFA, que rejeitaram suas reservas ao se passarem por gays[198].

Seguindo esse movimento, no Brasil, pouco tempo depois da decisão do STF que reconheceu a demora do Congresso Nacional para legislar sobre atos atentatórios a direitos fundamentais dos integrantes da comunidade LGBTQIA+ e enquadrou a homofobia e a transfobia como tipo penal definido na Lei do Racismo[199] (Lei 7.716/1989), a Procuradoria do STJD (Superior Tribunal de

---

[197] Em https://www.theguardian.com/global-development/2021/feb/23/revealed-migrant-worker-deaths-qatar-fifa-world-cup-2022?utm_term=Autofeed&CMP=twt_gu&utm_medium&utm_source=Twitter#Echobox=1614060688.

[198] Em https://leiemcampo.com.br/a-poucos-meses-da-copa-investigacao-de-jornalistas-mostra-que-homossexuais-ainda-sofrem-preconceitos-no-catar/.

[199] Em https://portal.stf.jus.br/noticias/verNoticiaDetalhe.asp?idConteudo=414010.

Justiça Desportiva) do Futebol[200] emitiu uma recomendação para que clubes e federações atuem de forma preventiva com campanhas educativas e que os árbitros relatem qualquer tipo de manifestação preconceituosa nas súmulas e documentos oficiais.

Dentro desse novo momento, e em função das recentes irritações sofridas que abalaram a imagem da FIFA, os atletas passaram a ter maior diálogo com a entidade.

A FIFPro, entidade que representa os atletas profissionais, assinou com a FIFA, em novembro de 2017, um amplo acordo de cooperação com duração de seis anos para fortalecer as relações entre as duas organizações e melhorar a governança do futebol profissional em todo o mundo[201]. Esse fato permitiu a criação de normas para a resolução de disputas entre jogadores e clubes, principalmente para decisões em casos de pagamentos em atraso. Além disso, novas regras passaram a proteger as partes de condutas abusivas, como jogadores sendo obrigados a treinar sozinhos.

O acordo foi firmado como parte da estratégia de melhorar a imagem da FIFA e por pressão de atletas e foi estabelecido depois de 18 meses de negociações entre as entidades.

Por essa decisão, a FIFA também aceitou fazer uma revisão mais ampla do sistema de transferências. Com ações conjuntas, apresentaram ideias para licenciamento de clubes, estabelecendo câmaras nacionais de resolução de disputas e a exploração de requisitos mínimos de contrato com todas as partes interessadas em nível global.

A saúde e a segurança dos jogadores, em particular em relação ao calendário internacional de jogos, também passaram a ser objeto de debates internos com a participação dos atletas.

Além disso, a FIFA e a FIFPro assumiram compromisso de respeitar os direitos humanos reconhecidos internacionalmente, inclusive no que se refere ao futebol profissional, além de promover

---

[200] Em https://www.stjd.org.br/noticias/stjd-emite-recomendacao-contra-homofobia.
[201] Em https://www.fifa.com/about-fifa/organisation/media-releases/fifa-and--fifpro-sign-landmark-agreement-and-announce-measures-to-enhan-2918747.

a igualdade e os interesses das jogadoras, investindo no crescimento do futebol feminino profissional.

Durante a organização para a Copa do Qatar, delegações do FIFPro visitaram o país árabe várias vezes. O objetivo, segundo o sindicato dos atletas, sempre foi trabalhar para deixar um legado duradouro da Copa do Mundo de 2022 para os trabalhadores migrantes que construíram os estádios do torneio[202]. Como visto anteriormente, a FIFA e o país árabe sofreram com denúncias de trabalho análogo à escravidão no país durante a preparação para a Copa.

A entidade, inclusive, assinou um acordo de colaboração com a *Building and Woodworkers International (BWI)*, o sindicato que trabalha em nome dos dois milhões de trabalhadores migrantes no Qatar.

Apesar desses avanços, os atletas ainda não têm participação efetiva dentro dos órgãos decisórios da entidade. Não há nada no Estatuto que estabeleça uma participação de atletas ou ex-atletas dentro dos poderes da entidade.

## 9.2 OS APRENDIZADOS NO COI

O Comitê Olímpico Internacional também foi atingido pelo tsunami das manifestações em defesa de direitos humanos e de combate ao preconceito de atletas após a morte de George Floyd e o movimento *Black Lives Matter*. Uma das principais consequências foi o chamamento dos atletas para participar de uma decisão do movimento olímpico que dizia respeito à liberdade de expressão.

Como visto anteriormente, apesar do resultado (manutenção da Regra 50), o movimento mostrou uma participação sem precedentes dos atletas, superando um histórico de silêncio e mudan-

---

[202] Em https://fifpro-org.translate.goog/en/supporting-players/safe-working-environments/human-rights/fifpro-strengthens-push-for-world-cup-legacy-on-latest-qatar-visit/?_x_tr_sl=en&_x_tr_tl=pt&_x_tr_hl=pt-BR&_x_tr_pto=sc.

do uma realidade. Segundo Katia Rubio, a transformação está em andamento:

> Cada vez mais ciente de seu papel nesse processo, o atleta também participa das ações presentes, deixando de ser apenas um executor de gestos habilidosos valiosos para o espetáculo esportivo e passa a ser uma figura central dentro do Movimento Olímpico. A ampliação da participação do protagonista do espetáculo esportivo nas instâncias de poder é um primeiro passo, mas não deve ser o último. (RUBIO, 2019, p. 37).

O COI, inclusive, foi a primeira entidade do desporto mundial a instituir uma comissão de atletas. Está no Estatuto do Comitê, chamado de Carta Olímpica, no item 16[203], a obrigatoriedade de uma comissão de atletas decidindo os rumos da entidade.

Até pela natureza piramidal da cadeia associativa, o exemplo acabou sendo replicado pelas Federações Nacionais. No Brasil, o Comitê Olímpico Brasileiro (COB) criou uma comissão que tem participação nas eleições da entidade e outras instituições de administração do esporte fizeram o mesmo.

No Brasil, os membros da Comissão de Atletas do COB eram indicados através dos gestores dessas entidades. Isso mudou em 2015, com a Lei 13.155/2015, que alterou o art. 23 da Lei Pelé e incluiu o inciso III, parágrafo 2º. Essa alteração trouxe duas mudanças importantes.

Além de garantir a representação através do voto da categoria dos atletas, regulou a maneira como seriam escolhidos os representantes que iriam compor esta comissão, através de eleição direta entre os próprios atletas. Diz a lei[204]:

> *"Art. 23. Os estatutos ou contratos sociais das entidades de administração do desporto, elaborados de conformidade com*

---

[203] Em https://www.fadu.pt/files/protocolos-contratos/PNED_publica_CartaOlimpica.pdf.
[204] Em http://www.planalto.gov.br/ccivil_03/leis/l9615consol.htm.

*esta Lei, deverão obrigatoriamente regulamentar, no mínimo: (Redação dada pela Lei nº 13.155, de 2015)*

*III – a garantia de representação, com direito a voto, da categoria de atletas e entidades de prática esportiva das respectivas modalidades, no âmbito dos órgãos e conselhos técnicos incumbidos da aprovação de regulamentos das competições. (Incluído pela Lei nº 13.155, de 2015)*

*§ 2º Os representantes dos atletas de que trata o inciso III do caput deste artigo deverão ser escolhidos pelo voto destes, em eleição direta, organizada pela entidade de administração do desporto, em conjunto com as entidades que os representem, observando-se, quanto ao processo eleitoral, o disposto no art. 22 desta Lei. (Incluído pela Lei nº 13.155, de 2015)"*

Entendendo o princípio protegido constitucionalmente da autonomia esportiva, o Estado determina essa regra infralegal para aqueles que se relacionarem com ele. Ou seja, o não cumprimento da lei que implica no não recebimento de recursos públicos por essas instituições, como aqueles advindos do Profut ou da Lei Agnelo Piva, por exemplo.

Está na Lei Pelé, no art. 18[205]:

*"**Art. 18-A**. Sem prejuízo do disposto no art. 18, as entidades sem fins lucrativos componentes do Sistema Nacional do Desporto, referidas no parágrafo único do art. 13, somente poderão receber recursos da administração pública federal direta e indireta caso: (Incluído pela Lei nº 12.868, de 2013) (Produção de efeito) (Vide Lei nº 13.756, de 2018)*

*V – garantam a representação da categoria de atletas das respectivas modalidades no âmbito dos órgãos da entidade incumbidos diretamente de assuntos esportivos e dos órgãos e conselhos técnicos responsáveis pela aprovação de regulamentos*

---

[205] Em http://www.planalto.gov.br/ccivil_03/leis/l9615consol.htm.

## 9 APRENDIZADOS

*das competições; (Redação dada pela Lei nº 13.756, de 2018) (Vigência)*

*VII – estabeleçam em seus estatutos: (Incluído pela Lei nº 12.868, de 2013) (Produção de efeito)*

*g) participação de atletas nos colegiados de direção e na eleição para os cargos da entidade; e (Incluído pela Lei nº 12.868, de 2013) (Produção de efeito)*

*h) colégio eleitoral constituído de representantes de todos os filiados no gozo de seus direitos, observado que a categoria de atleta deverá possuir o equivalente a, no mínimo, 1/3 (um terço) do valor total dos votos, já computada a eventual diferenciação de valor de que trata o inciso I do caput do art. 22 desta Lei; (Redação dada pela Lei nº 14.073, de 2020)."*

O que se vê é um esforço do legislador estatal, respeitando a autonomia esportiva, de valorizar a participação dos atletas nas decisões do movimento esportivo, tanto que exige que os estatutos das entidades de administração do desporto no país contem com, no mínimo, 1/3 do colégio eleitoral composto por atletas.

A participação de atletas é fundamental na proteção de direitos humanos no movimento olímpico. Eles podem acelerar um processo que está em andamento e têm apresentado mudanças importantes.

Entendendo a Carta Olímpica como o principal documento do esporte olímpico, dois princípios têm sido norteadores para uma proteção efetiva de direitos humanos dentro dessa cadeia associativa. Os princípios 4 e 6[206].

*Princípio 4. A prática do esporte é um direito humano. Todo indivíduo deve ter a possibilidade de praticar esporte, sem discriminação de qualquer tipo e no espírito olímpico, que exige*

---

[206] Em https://www.fadu.pt/files/protocolos-contratos/PNED_publica_CartaOlimpica.pdf.

*compreensão mútua com espírito de amizade, solidariedade e jogo limpo.*

*Princípio 6. O gozo dos direitos e liberdades estabelecidos nesta Carta Olímpica será assegurado sem discriminação de qualquer tipo, como raça, cor, sexo, orientação sexual, idioma, religião, opinião política ou de outra natureza, origem nacional ou social, propriedade, nascimento ou outra condição.*

Por força estatutária, o papel do COI é promover o esporte seguro e a proteção dos atletas contra todas as formas de assédio, abuso e discriminação, reforçando compromissos universais. Mesmo assim, Andrea Florence entende que é preciso uma mudança no Estatuto do COI para reforçar esse compromisso privado com direitos humanos.

Uma das nossas campanhas[207] é pela inclusão de direitos humanos como princípio oitavo da Carta Olímpica. Porque tem vários princípios de olimpismo dentro desse documento, mas não tem nenhum sobre direitos humanos. (FLORENCE, 2021, n. p.).

Dentro dessa política de proteção de direitos humanos do COI, uma mudança importante aconteceu em fevereiro de 2017, após a adoção da Agenda Olímpica 2020 em dezembro de 2014. No contrato com a cidade-sede dos jogos olímpicos foram acrescentados compromissos com foco em direitos humanos.

Pela primeira vez na história das Olimpíadas, os jogos de 2024, em Paris, passaram a ter um programa de *compliance*. Nele, como citado em capítulo anterior, foi dada uma atenção à proteção de direitos humanos e ao combate à corrupção.

Nos itens 13, e 13.1, são apresentados o compromisso da cidade-sede com os princípios da Carta Olímpica. Já o item 13.2[208]

---

[207] Em https://sportandrightsalliance.org/letter-adoption-of-an-8th-fundamental-principle-of-olympism-on-human-rights.
[208] chrome-extension://efaidnbmnnnibpcajpcglclefindmkaj/https://stillmed.olympic.org/media/Document%20Library/OlympicOrg/Documents/

do documento diz que a cidade anfitriã, o Comitê Olímpico Nacional e o comitê organizador dos jogos devem "abster-se de qualquer ato envolvendo fraude ou corrupção, de forma consistente com quaisquer acordos internacionais, leis e regulamentos aplicáveis no país anfitrião e todos os padrões anticorrupção internacionalmente reconhecidos aplicáveis no país anfitrião, inclusive estabelecendo e mantendo relatórios efetivos e *compliance*".

Em tradução livre:

> 13.2. *De acordo com suas obrigações nos termos do §13.1, a Cidade Sede, o CON Sede e o OCOG devem, em suas atividades relacionadas com a organização dos Jogos:*
>
> *a. proibir qualquer forma de discriminação em relação a um país ou uma pessoa em razão da raça, cor, sexo, orientação sexual, idioma, religião, opinião política ou de outra natureza, opinião nacional ou social, origem, propriedade, nascimento ou outro status;*
>
> *b. proteger e respeitar os direitos humanos e garantir que qualquer violação dos direitos humanos seja remediada de maneira consistente utilizando acordos internacionais, leis e regulamentos aplicáveis no País-sede e de forma consistente com todos os direitos humanos internacionalmente reconhecidos e princípios, incluindo os Princípios Orientadores das Nações Unidas sobre Negócios e Direitos Humanos, aplicáveis no País Anfitrião;*
>
> *c. abster-se de qualquer ato que envolva fraude ou corrupção, de forma consistente com quaisquer acordos, leis e regulamentos aplicáveis no País Anfitrião e todas as normas anticorrupção internacionalmente reconhecidas aplicáveis no País Anfitrião, inclusive estabelecendo e manter relatórios e conformidade eficazes.*

---

Host-City-Elections/XXXIII-Olympiad-2024/Host-City-Contract-2024-Principles.pdf.

Além disso, o documento exige respeito às leis nacionais e internacionais de Direitos Humanos. Dessa maneira, por exemplo, a cidade-sede não pode contratar empresas que usam trabalho escravo e deverá intensificar o combate ao tráfico de pessoas.

O documento também determina que se for constatado algum ato de corrupção ou que viole os direitos humanos, a sede dos jogos deverá pagar multa ao Comitê Olímpico Internacional. E mais: se a falta for muito grave, está prevista, inclusive, a possibilidade do COI determinar a troca de sede das Olimpíadas.

Segundo Vinícius Calixto, em *Lex Sportiva e Direitos Humanos*, o caminho tomado veio através das irritações sofridas dos últimos anos.

> Essas medidas práticas tomadas pelo COI decorrem de recomendações constantes na Agenda 2020, documento aprovado pelo COI em dezembro de 2014 que representa, ao menos no campo programático, uma resposta do Movimento Olímpico às críticas relacionadas a questões como sustentabilidade, accountability, transparência e respeito aos direitos humanos. (CALIXTO, 2017, p. 214).

Em novembro de 2021 o COI lançou importante documento[209], que também contou com a participação dos atletas. Após um processo de consulta de dois anos com mais de 250 atletas e especialistas do esporte, o COI apresentou uma cartilha para que as federações internacionais desenvolvam seus próprios critérios de elegibilidade e participação de atletas transgêneros e intersexuais.

No documento, a entidade "reconhece a necessidade de garantir que todos, independentemente de sua identidade de gênero ou variações de sexo, possam praticar esportes em um ambiente seguro e livre de assédio".

---

[209] Em https://stillmed.olympics.com/media/Documents/News/2021/11/IOC-Framework-Fairness-Inclusion-Non-discrimination-2021.pdf.

## 9 APRENDIZADOS

Como acontece com qualquer conjunto de diretrizes, o sucesso desta nova estrutura em garantir um ambiente seguro e acolhedor dentro do movimento olímpico dependerá em grande parte da educação e do processo de implementação com órgãos governamentais nacionais, federações internacionais e outras partes interessadas importantes – afirma o comunicado. (GLOBO ESPORTE, 2021, n. p.).[210]

A cartilha listou 10 princípios básicos que precisam ser respeitados pelas federações para critério de elegibilidade: inclusão, prevenção de danos, não discriminação, justiça, nenhuma presunção de vantagem, abordagem baseada em evidências, primazia da saúde e autonomia corporal, abordagem centrada nas partes interessadas, direito à privacidade e revisões periódicas.

A estrutura do COI é pensada em função do compromisso do Comitê de respeitar os direitos humanos (como expressa na Agenda Olímpica 2020+5 )[211], e como parte da ação da entidade para promover a igualdade de gênero e inclusão.

Segundo a determinação da entidade, desde março de 2022 as federações internacionais passaram a ser responsáveis por definir como funcionará o critério de elegibilidade de atletas.

A professora de Direitos Humanos Mônica Sapucaia disse, em entrevista ao Portal Lei em Campo[212], que a cartilha reforça a importância dos direitos humanos para a construção das normas esportivas.

> A iniciativa do COI demonstra que a comunidade internacional esportiva entendeu que os direitos humanos devem ser a base das regras esportivas. A função social do esporte é promover saúde, união, diálogo entre os povos e para que isso aconteça as regras

---

[210] Em https://ge.globo.com/olimpiadas/noticia/coi-divulga-nova-diretriz-para--inclusao-e-elegibilidade-de-atletas-transgeneros-e-intersexuais.ghtml.
[211] Em https://olympics.com/ioc/documents/international-olympic-committee/olympic-agenda-2020-plus-5.
[212] Em https://leiemcampo.com.br/coi-promove-mudanca-historica-ao-divulgar--nova-diretriz-para-inclusao-e-elegibilidade-de-atletas-transgeneros.

não podem excluir nenhum grupo social por princípio. Quando o comitê reconhece que a quantidade hormonal não determina o quão mulher se é, avança na compreensão de que somos diversos. (SAPUCAIA, 2021, n. p.).

Pressão gera mudança. Temos a luta como instrumento de transformação na proteção de direitos coletivos e a voz dos atletas como poder de fala e decisão. Um caminho necessário e presente em muitos dos esportes estadunidenses.

## 9.3 A FORÇA DOS ATLETAS NAS LIGAS ESTADUNIDENSES

A presença dos atletas nas discussões sobre o jogo é uma realidade do esporte nos Estados Unidos, conquistada a partir de irritações e de muito diálogo. Um exemplo que o Brasil ainda não conseguiu replicar. São poucos os momentos da participação coletiva de atletas brasileiros na defesa de causas plurais. Como exemplos, podemos destacar dois casos recentes dentro do futebol.

Em 2013, o Bom Senso FC[213], nome dado a um movimento de atletas em defesa de uma agenda coletiva, esboçou uma pressão à cadeia associativa do futebol. O movimento conseguiu mais de trezentas assinaturas de atletas, entre eles vários dos principais clubes brasileiros, em um manifesto que continha alguns pontos básicos a serem discutidos com a CBF (calendário, férias, período adequado de pré-temporada, *fair-play* financeiro e participação dos jogadores nos conselhos técnicos das entidades responsáveis pela gestão do futebol nacional).

O movimento foi esvaziado e chegou ao fim de 2016[214] sem nenhuma conquista significativa, mesmo assim foi um momento

---

[213] Em https://revistaforum.com.br/direitos/2013/10/28/bom-senso-futebol-clube--jogador-tambem-um-profissional-7852.html.
[214] Em https://www.lance.com.br/futebol-nacional/grupo-bom-senso-chega-fim--jogadores-nao-darao-mais-cara.html.

importante em que os atletas entenderam seu papel no movimento esportivo e se organizaram pela defesa de pautas coletivas.

Em 2022, mais um movimento coletivo chamou a atenção. A rodada do Brasileirão das séries A, B, C e D, disputada no segundo final de semana de julho de 2022 ficou marcada por protestos dos jogadores de futebol contra alguns pontos do Projeto de Lei nº 1153/2019, que estabelece a chamada nova Lei Geral do Esporte[215].

Em campo, com a mão na boca, em gesto que representava uma mordaça, e em postagens padronizadas nas redes sociais, os atletas se queixavam de que o texto legal, da forma como redigido, suprimia direitos trabalhistas. Eles também protestaram alegando que não foram ouvidos durante o processo legislativo.

Os protestos foram organizados por um movimento intitulado União dos Atletas de Futebol "Séries ABCD", que assim se posicionou: *"Na Câmara, somente os clubes foram ouvidos [...]. Mas não iremos nos calar, nossa classe está unida e juntos teremos voz. E no Senado precisamos ser ouvidos. E vamos lutar por isso. Futebol é a maior paixão nacional, e nós atletas também somos as estrelas do espetáculo"*[216].

O advogado Daniel Portilho Jardim, em coluna no portal Lei em Campo, entende que:

> Apesar da existência de entidades sindicais que, formalmente, falam pelos atletas, a impressão geral é de que a classe dos jogadores de futebol no país se ressente de representatividade e de uma real força política. (JARDIM, 2022, n. p.).

A realidade do Brasil é bem diferente da vivida no cenário esportivo dos EUA, por exemplo. A estrutura das organizações privadas esportivas nos Estados Unidos é diferente, com cada liga

---

[215] Em https://www.uol.com.br/esporte/colunas/lei-em-campo/2022/07/12/nova-lei-geral-do-esporte-entenda-discussao-sobre-direitos-trabalhistas.htm.
[216] Em https://www.espn.com.br/futebol/brasileirao/artigo/_/id/10622636/entenda-por-que-jogadores-de-todas-as-series-do-brasileiro-estao-protestando-contra-projeto-de-lei-que-esta-no-senado.

tendo autonomia plena e não pertencendo a nenhuma outra cadeia associativa, como a do movimento olímpico ou a do futebol.

Um exemplo importante sobre a relevância do papel central das associações de atletas nas ligas esportivas estadunidenses está na NBA, a liga profissional de basquete. É preciso voltar à metade do século passado para entender essa história.

Em 30 de outubro de 1954, a liga assinara o seu primeiro contrato com a rede de televisão NBC. Naquele mesmo ano, fora fundada a *National Basketball Players Association* (NBPA)[217]. E se hoje a NBPA possui inegável prestígio e uma grande força negocial dentro da organização do basquete nos Estados Unidos, as coisas nem sempre foram assim. Um episódio bem interessante nos ajuda a contar e a entender essa história[218].

Quando o contrato original da NBA com a NBC expirou ao final da temporada de 1962 e as partes decidiram prorrogar o vínculo por mais dois anos, as atenções da liga já estavam direcionadas para outra emissora, a ABC, líder na transmissão de eventos esportivos no mercado.

Mas os atletas não estavam satisfeitos. Eles queriam uma parte das conquistas econômicas do novo contrato e decidiram pressionar de maneira coletiva e organizada.

Poucas horas antes do *All-Star Game* de 1964, as principais estrelas da liga, por influência da NBPA, se reuniram e comunicaram que não entrariam em quadra se a NBA não concordasse com algumas reivindicações dos atletas, cujas condições de trabalho, naquele momento, eram precárias.

Assustados diante da possibilidade de um fiasco histórico, com a chance de um boicote e o cancelamento do jogo, que poderia determinar o rompimento do acordo com a ABC, os dirigentes cederam e concordaram com as exigências quando faltavam cerca de 15 minutos para o início da partida.

---

[217] Em https://leiemcampo.com.br/os-fatos-juridicamente-mais-relevantes-da-temporada-2021-2022-da-nba/.
[218] Em https://www.central3.com.br/na-era-do-garrafao-42-a-greve-dos-jogadores-da-nba-de-1964/.

## 9 APRENDIZADOS

Foi o início de uma caminhada da Associação dos Atletas que ganhou força em 1967, liderada por seu presidente, o armador Oscar Robertson, e pelo advogado Larry Fleisher. Naquele ano, a entidade apresentou à liga uma lista com seis exigências inegociáveis por parte dos jogadores, as quais, se não atendidas em um prazo determinado, possivelmente resultariam em uma greve.

Oscar Robertson era o presidente da NBPA há mais de um ano. Além de consagrado jogador, era reconhecido por ser alguém muito combativo. O advogado Larry Fleisher também tinha uma força que incomodava os mandatários da liga.

Os atletas viam uma enorme discrepância entre o crescimento econômico da NBA e a forma como eram tratados. O novo momento financeiro do esporte precisaria implicar em conquistas também para eles.

Eram seis as exigências dos atletas postas à mesa de negociação:

- fim da cláusula de reserva;
- melhoria dos planos de pensão dos jogadores, financiada pelas receitas de televisão;
- criação da *National Basketball Players Properties Inc.*, semelhante ao programa de licenciamento coletivo criado por profissionais do beisebol meses depois, destinado à exploração comercial da imagem dos atletas;
- fundação de um comitê que funcionaria como fórum para discussões com atletas de outras modalidades, com o objetivo de fortalecer a defesa dos direitos dos jogadores profissionais;
- redução do calendário da temporada regular;
- remuneração dos atletas pela disputa de partidas amistosas, cuja quantidade deveria ser reduzida.

Em 1º de março de 1967, os atletas anunciaram que, a menos que um acordo fosse alcançado, eles não disputariam os *playoffs*, período da temporada em que a liga mais ganharia dinheiro e, logo, o pior momento possível para a eclosão de uma greve.

A pressão surtiu efeito e as reinvindicações dos jogadores foram atendidas.

Daniel Portilho Jardim, em texto para o Lei em Campo, escreve que:

> O plano com as seis exigências apresentadas pela NBPA é considerado a primeira declaração efetiva de direitos e objetivos de atletas profissionais na história do esporte moderno e, por bastante tempo, representou a vanguarda em termos de relações trabalhistas no universo esportivo. Não é exagero dizer que, até ali, os jogadores e as entidades que os representavam não eram levados a sério. Ao longo das décadas seguintes, todos os objetivos estabelecidos pela NBPA foram alcançados, exceto um: a temporada da NBA continua tendo oitenta e dois jogos. (JARDIM, 2022, n. p).

O exemplo do basquete se espalhou pelas outras ligas do país. Se hoje o esporte nos Estados Unidos gera muito dinheiro, a parceria entre as ligas profissionais e as associações de atletas também tem papel importante.

Para trazer exemplos de participação, a associação de atletas da *Major League Baseball* (MLB) é a MLBPA. Ela se destaca na representação dos jogadores em questões comerciais e de licenciamento, um dos pontos fortes da liga, que fatura aproximadamente US$ 5,5 bilhões em produtos licenciados[219].

Já a *National Football League Players Association* (NFLPA), a associação dos atletas de futebol americano, que existe desde 1956, foca bastante nos temas pertinentes à segurança dos atletas, tendo sido essencial, por exemplo, nas recentes pesquisas e adoção de medidas relativas à ocorrência de concussões (e suas severas consequências) em partidas[220].

Aqui, alguns exemplos de como após pressão, *lockouts* e greves, houve necessidade de diálogo e entendimento. Como, através

---

[219] Em https://www.licenseglobal.com/sports/logo-brands-hits-home-run-mlb-deal.
[220] Em https://nflpa.com/posts/medical-science-health-and-safety.

desse acerto, foi possível construir acordos coletivos de trabalho eficientes, melhorar a segurança dos atletas, proteger direitos humanos e combater o preconceito, como visto no capítulo anterior sobre a mobilização dos atletas da NBA no "Caso George Floyd" e as transformações no jogo.

## 9.4 DESAFIOS

No livro *O Que é Discriminação?*, Adílson José Moreira argumenta que existem claras relações entre preconceitos, estereótipos e discriminação. De acordo com o autor:

> Certos comportamentos podem ser motivo de violência em função da associação com o comportamento de minorias. A incessante circulação de estigmas que afirmam a inferioridade essencial de minorias corrobora a percepção de que todos os membros de grupos minoritários são inferiores a todos os membros do grupo majoritário, mesmo quando os primeiros têm um status cultural e material superiores aos segundos. (MOREIRA, 2017, p. 193).

Na obra *A Liberdade de Expressão e as Novas Mídias*, Mariana Giorgetti Valente faz uma análise sobre o comportamento do judiciário brasileiro em casos de discriminação. Ela alerta sobre o papel do julgador, que pode servir de reflexão para o movimento privado do esporte. Escreve a autora:

> Assim, tratar do discurso de ódio de forma abstrata, sem observar como a categoria é mobilizada pelos movimentos sociais, por seus opositores ou pelo Judiciário, coloca o risco de a discussão se tornar etérea, apartada das nossas relações concretas de desigualdade e sofrimento. (VALENTE, 2021, p. 86).

As páginas anteriores mostraram indícios de um novo comportamento dentro do movimento esportivo. A autorregulação tem avançado na proteção de direitos humanos, tribunais privados têm atuado com um olhar diferente e o direito estatal tem sido mais observado no âmbito privado, até como forma de preservar a própria autonomia.

Mesmo assim, na opinião de Andrea Florence, o esporte exacerba as desigualdades que existem na sociedade. Por isso, os Jogos Olímpicos demonstram, ao mesmo tempo, os desafios e os avanços na garantia de direitos humanos. Ela enxerga quatro problemas que precisam ser superados.

Primeiro, falta a inclusão na Carta Olímpica de um artigo sobre direitos humanos. Segundo, a principal referência das organizações que atuam para a garantia desses direitos no esporte são os Princípios Orientadores da Organização das Nações Unidas sobre Empresas e Direitos Humanos. Como ainda não são tratados internacionais, a maioria dessas organizações se esquiva da responsabilidade de garanti-los.

O terceiro argumento que dificulta uma maior aplicação da proteção de direitos humanos no ambiente esportivo para Andrea é que tanto o Comitê Olímpico Internacional quanto a Federação Internacional de Futebol são entidades privadas baseadas na Suíça, o que faz com que usem desse argumento para se esquivar das obrigações de garantir direitos humanos, afirmando que não são empresas.

O quarto fator que dificulta a implementação, segundo Andrea, é o conceito de autonomia do esporte, como se ele estivesse separado das outras esferas sociais. "É como se o esporte conseguisse viver em um vácuo. Isso é muito prejudicial para a aplicação dos direitos humanos, porque esses atores se veem à parte da sociedade, e afeta tanto os atletas quanto as pessoas em torno do esporte"[221], diz Florence.

Para superar esses obstáculos, a participação dos atletas, como visto, tem sido elemento central. Esse é um movimento que contraria a normalidade não só do esporte, como em grande parte da organização social. Ouvir a voz de quem não está no comando é algo raro.

---

[221] Em https://www.iser.org.br/noticia/destaques/o-que-as-olimpiadas-de-toquio--ensinaram-sobre-a-garantia-de-direitos-humanos-no-esporte.

## 9 APRENDIZADOS

No livro *Pode o Subalterno Falar*, a escritora indiana Gayatry Chakravorty Spivak conta a história de uma jovem indiana que não pode se autorrepresentar fora do contexto patriarcal e pós--colonial da sociedade daquele país. A autora argumenta que o subalterno, neste caso a mulher, não pode falar e quando tenta fazê-lo não encontra meios para se fazer ouvir. Ela conclui o livro escrevendo que:

> O subalterno não pode falar. Não há valor algum atribuído à "mulher" como um item respeitoso nas listas de prioridades globais. A representação não definhou. A mulher intelectual como uma intelectual tem uma tarefa circunscrita que ela não deve rejeitar como um floreio. (SPIVAK, 2010, p. 165).

No livro *Direitos Humanos, democracia e desenvolvimento*, Boaventura de Souza Santos traz a importância da luta pela defesa de direitos humanos:

> A desumanidade e a indignidade humana não perdem tempo a escolher entre as lutas para destruir a aspiração humana de humanidade e de dignidade. O mesmo deve acontecer com todos os que lutam para que tal não aconteça. (SANTOS, 2014, pos, 69).

No esporte, um movimento contrário à lógica apresentada por Spivak tem ganhado força. Lembrando o que já citamos em texto de Katia Rubio:

> Cada vez mais ciente de seu papel nesse processo, o atleta também participa das ações presentes, deixando de ser apenas um executor de gestos habilidosos valiosos para o espetáculo esportivo e passa a ser uma figura central dentro do Movimento Olímpico. (RUBIO, 2019, p. 37).

Desses aprendizados, nota-se que a irritação provoca transformação. O esporte age e se protege. A autorregulação também serve para reforçar o compromisso institucional e jurídico de proteção de direitos humanos. Está na hora de se avançar, combater o racismo com campanhas institucionais e respeito ao Direito.

O poder coercitivo do Direito tem esse papel. Agora, o movimento jurídico privado do esporte precisa garantir esses direitos, até como forma de proteger sua legitimidade. Como ensina Vinícius Calixto:

> É fundamental que no campo dos direitos humanos as ordens jurídicas possam se engajar na adoção de posturas de articulação direcionadas à inclusão, de modo que sejam capazes de se reconstruírem constantemente mediante aprendizados recíprocos. A construção de aprendizados decorrentes do engajamento de diferentes ordens jurídicas para a solução de problemas comuns é o caminho que vai ao encontro de um mundo escutador e de uma sociedade cada vez mais comprometida com a inclusão. (CALIXTO, 2017, p. 222).

O professor Wladimyr Camargos reforça que a especificidade esportiva e direitos humanos são princípios "equiprimordiais" para *a lex sportiva*:

> Em ocorrendo violação da integridade da pessoa, a decisão correta é utilizar o ferramental à disposição do sistema para proteger a dignidade de quem sofreu a ofensa. Isso não afeta a produção e reprodução autônoma das características próprias da Lex Sportiva. Ao contrário, sempre irá lhe conferir maior legitimidade. (CAMARGOS, 2017, p. 160).

O autor avança escrevendo que, na linha de Dworkin, "a supremacia da defesa da dignidade da pessoa humana, mesmo para a *lex sportiva*, seria a forma de se encontrar a única decisão correta" (CAMARGOS, 2017, p. 160).

Habermas também traz reflexão importante que ajuda no avanço dessa necessária proteção. Como colocado anteriormente, o pensador resgata a tradição de Kant de razão prática, entendendo a moral como elemento para validação das normas universais. No entendimento do pensador, a aceitação desses princípios como pilares da construção coletiva de um Direito aceito por uma "comunidade de princípios", como a apresentada por Dworkin, daria ao sistema a "autorreferencialidade", nos moldes do que escreveu Teubner. Entende ele:

> Todas as normas válidas precisam atender à condição de que as consequências e efeitos colaterais que presumivelmente resultarão da observância geral dessas normas para que a satisfação dos interesses possa ser aceita não coercitivamente por todos os indivíduos. (HABERMAS, 1999, p. 9).

Com base nessa ideia e no que foi apresentado nestas linhas, nota-se que muitas entidades esportivas por entenderem que não podem se afastar da proteção de direitos humanos, por decisões de tribunais estatais ou por pressão de atletas e agentes do esporte, estão alterando estatutos e regras internas, reforçando o compromisso inegociável com a proteção de direitos humanos.

Dessa forma, protegem sua necessária autonomia e se integram de maneira expressa ao compromisso de proteção aos direitos humanos internacionalmente reconhecidos, fonte de todo processo legislativo, seja na esfera pública ou privada.

# 10 CONCLUSÃO

Os direitos humanos são uma conquista da humanidade, buscada desde sempre, à base de muitas lutas e perdas. Diante de casos recentes e do eco que a modernidade trouxe à causa, nos parece evidente que a proteção de direitos humanos não pode estar restrita à relação entre Estado e indivíduos. Ela é uma responsabilidade de todos, inclusive do movimento privado do esporte.

Deve ser ressaltado que o Direito não assegura a observância dos comportamentos prescritos, mas garante expectativas de conduta. Daí se falar na busca pelo sistema jurídico da estabilização de expectativas contrafáticas, isto é, a generalização da expectativa independentemente do cumprimento ou descumprimento da conduta esperada.

É incontestável que o esporte se encontra dentro de uma organização global reconhecida por todos, em que a "neutralidade" buscada se apresenta quase como uma utopia diante da inafastável presença política permanente nas relações sociais e do compromisso moral inegociável.

Portanto, a proteção da dignidade da pessoa humana seria o único caminho possível também dentro do ambiente privado do esporte, ou a "única resposta correta" de acordo com o pensamento de Dworkin.

Ao julgador cabe o ensinamento de Aristóteles sobre a busca da justiça: "A equidade é o justo, ou melhor, uma espécie de justiça, a expressão do justo natural em relação ao caso concreto, o que vale dizer a justiça concreta" (ANDRADE, 1992, p. 37).

Ou seja, é importante se entender como necessária uma relativização não só dos regramentos privados do esporte como da própria soberania dos Estados nacionais em face à efetivação da proteção internacional dos direitos humanos. Os atletas podem ter papel decisivo nesse entendimento dentro do movimento esportivo, dando voz à causa e superando a regra geral de que o subalterno não pode falar.

A Copa do Qatar em 2022 foi um outdoor sobre a questão aqui analisada. Ao levar o principal evento do futebol do planeta para o país árabe, que sofre uma série de denúncias de organismos internacionais por violação de direitos humanos, a FIFA colocou em xeque a própria política interna de proteção a esses direitos. Os problemas que se imaginavam que iriam acontecer, aconteceram.

Os capitães de algumas das principais seleções do mundo iriam entrar com a braçadeira nas cores do arco-íris, uma forma de abraçar a campanha LGBTQIA+, que promove a diversidade e a inclusão. A FIFA, preocupada e pressionada pelo país-sede, usou de sua força coercitiva e, em nome da "neutralidade", ameaçou as seleções com multa e os capitães com o cartão amarelo.

A ação da entidade gerou uma manifestação ainda maior. Os jogadores desistiram da faixa no braço, mas muitas seleções se manifestaram coletivamente contra a FIFA e pela proteção de direitos humanos. Os ingleses se ajoelharam e levantaram o braço contra o preconceito; os alemães se reuniram no meio do campo e colocaram a mão na boca, em protesto à censura imposta pela entidade.

Nas arquibancadas, camisas e faixas nas cores do arco-íris faziam coro a presidentes de federações internacionais ameaçando se desfiliar da FIFA e votar contra a reeleição do presidente Infantino. Patrocinadores também emitiram notas em defesa de direitos humanos em um movimento global e coletivo contra a censura e pela defesa de direitos humanos.

A FIFA, que poderia usar o evento de maneira histórica para reafirmar compromisso com direitos humanos, acabou gerando uma onda de protestos que trouxe prejuízo institucional, político e financeiro à entidade. A situação gerou irritação, exige diálogo e pode provocar mais transformações.

## 10 CONCLUSÃO

Tensão gera mudança, de fora para dentro. Mobilizados, atletas, opinião pública e coletivos globais já mostraram a força que muitos ainda desconhecem. Eles são e podem ser agentes transformadores de realidades.

O esporte se organiza dentro de cadeias associativas. A adesão de todos às regras é o que garante uma estabilidade jurídica a esses movimentos. Atletas fazem parte da cadeia associativa e, por isso, precisam ter voz nas discussões, inclusive sobre regras e fórmulas de campeonatos.

O "Caso George Floyd" é um exemplo. Ele provocou irritações nesse sistema, obrigando as entidades esportivas a dialogar até como forma de sobreviver. O "déficit democrático", como definiu o professor Wladimyr Camargos, existe no esporte, principalmente no Brasil. Mas está sendo superado.

As conquistas desse processo de efetiva democratização do movimento esportivo prometem ser históricas para o esporte e para a vida. Como bem disse Nelson Mandela[222]:

> *O esporte tem o poder de transformar o mundo. Tem o poder de inspirar, tem o poder de unir as pessoas de um jeito que poucas coisas conseguem.*

---

[222] Em https://www.bbc.com/portuguese noticias/2013/12/131206_mandela_esporte_rm.

# REFERÊNCIAS

ANDRADE, C. J. **O Problema dos Métodos de Interpretação**. São Paulo: Revista dos Tribunais, 1992.

ARENDT, Hannah. **Entre o Passado e o Futuro**. 5.ed. São Paulo: Editora Perspectiva, 2001.

AUSTIN, John. The province of jurisprudence determined and the uses of the study of jurisprudence. London: Weindenfeld and Nicolson. Tradução de Juan Ramon de Páramo Arguelles. **El Objeto de la jurisprudência**. Mardid: CEC, 2002.

BARROSO, L. R. Fundamentos Teóricos e Filosóficos do Novo Constitucionalismo Brasileiro (pós-modernidade, teoria crítica e pós-positivismo). *In:*.**A Nova Interpretação Constitucional**: ponderação, direitos fundamentais e relações privadas. 2. ed. Rio de Janeiro: Renovar, 2006.

BOBBIO, N. **A Era dos Direitos**. Rio de Janeiro: Campus, 1992.

BOBBIO, N. **Dicionário de política**. Brasília: Editora Universidade de Brasília, 1998.

BONAVIDES, P. **Curso de Direito Constitucional**. São Paulo: Malheiros, 2019.

CALIXTO, V. M. **Lex Sportiva e Direitos Humanos, Entrelaçamentos Transconstitucionais e Aprendizados Recíprocos** . Belo Horizonte: D' Plácido, 2017.

CAMARGOS, W. **Constituição e Esporte no Brasil**. Goiânia: Kelps, 2017.

CLAM, J; ROCHA, L. S.; SCHWARTZ G. **Introdução à Teoria do Sistema Autopoiético do Direito**. Porto Alegre: Livraria do Advogado, 2013.

COMPARATO, F. S. A Afirmação Histórica dos Direitos Humanos. São Paulo: Saraiva, 2013.

COTTERRELL, R. What Is Transnational Law? **Law & Social Inquiry**, v. 37, n. 2, p. 500-524, 2012. Disponível em: https://papers.ssrn.com/sol3/papers.cfm?abstract_id=2021088. Acesso em: 4 set. 2022.

DEFRANCE, J. La politique de l'apolitisme. Sur L'autonomisation du champ sportif. **Sport et politique**, v. 13, n. 50, 2000, p. 13-27. Disponível em: www.persee.fr/doc/polix_0295-2319_2000_num_13_50_1084. Acesso em: 10 maio 2022.

DUVAL, A. Lost in translation? The European Convention on Human Rights at the Court of Arbitration for Sport. **The International Sports Law Journal**, n. 22, p. 132-151, 2022. Disponível em: https://link.springer.com/article/10.1007/s40318-022-00221-6. Acesso em: 9 jul. 2022.

DWORKIN, R. **The Partnership Conception of Democracy**. California: Law review, 1998.

DWORKIN, R. **O Império do Direito**. São Paulo: Martin Fontes, 1999.

DWORKIN, R. **Levando os direitos a sério**. São Paulo: Martins Fontes, 2000.

FACHADA, R. **Direito Desportivo**: uma disciplina autônoma. Rio de Janeiro: Autografia, 2021.

FARIA, J. E. (org.) **A liberdade de expressão e as novas mídias**. São Paulo: Perspectiva, 2021.

FARIAS, M. C. B. **A liberdade esquecida**: fundamentos ontológicos da liberdade no pensamento Aristotélico. São Paulo: Loyola, 1995.

FERREIRA, K. S. Os Jogos Olímpicos de 1936 (Berlim) e a busca da perfeição atlética. SIMPÓSIO NACIONAL DE HISTÓRIA. XXIV. 2007, São Leopoldo. **Anais** do XXIV Simpósio Nacional de História — ANPUH, São Leopoldo. p. 1-7.

FEUZ, P. S. **Direitos do Consumidor**. São Paulo: Lexia, 2015.

FEUZ, P. S. O esporte como um dos elementos da Dignidade da Pessoa Humana no Estado Democrático de Direito. *In*: VARGAS, A. (org). **Direito Desportivo**: diversidade e complexidade. Belo Horizonte: Casa da Educação Física, 2018.

FINGER, J. C. Constituição e direito privado: algumas notas sobre a chamada constitucionalização do direito civil. *In*: SARLET, I. W. (org.). **A Constituição concretizada: construindo pontes com o público e o privado**. Porto Alegre: Livraria do. Advogado, 2000. p. 94

FISS, O. M. **A ironia da liberdade de expressão**: estado regulação e diversidade na esfera pública. Rio de Janeiro: Renovar, 2005.

GARDINER, S. **Sports Law**. London: Cavendish Publishing Limited, 2011.

GIULIANOTTI, R. **Sports**: a critical sociology. ª ed. Livro Eletrônico (Kindle). Cambridge/Reino Unido: Polity Press, 2016.

Giulianotti, R. **Sociologia do futebol**: Dimensões históricas e socioculturais do esporte das multidões. São Paulo: Nova Alexandria, 2002.

# REFERÊNCIAS

GUERRA, S. **Discricionariedade, reflexão e refletividade**: uma nova teoria sobre escolhas administrativas. Belo Horizonte: Forum, 2015.

HABERMAS, J.. **Faticidade e Validade**: contribuições para uma teoria discursiva do direito e da democracia. São Paulo: Unesp, 2021.

IHERING, R. V. **A Luta Pelo Direito**. São Paulo: Forense, 1994.

IHERING, R. V. A finalidade do Direito. Campinas: Servanda, 2002.

JAMES, M. **Sports Law**. 2 ed. Houndmills: Palgrave Macmillan, 2013.

KANT, I. **Crítica da razão prática**. São Paulo: Martins Fontes, 2009.

KANT, I. Doutrina do Direito. São Paulo: Ícone, 2017.

KARAQUILLO, J. P. **Le droit du sport**. Paris: Dalloz, 2011.

KOATZ, R. L. F. As liberdades de expressão e de imprensa na Jurisprudência do STF. *In*: SARMENTO, D. (org.). **Direitos Fundamentais na Jurisprudência do STF**: balanço e crítica. Rio de Janeiro: Lumen Juris, 2011.

KRIELE, M. **Introduccion a La Teoria Del Estado**. Buenos Aires: De Palma, 1980.

LATTY, F. **La lex sportiva**: recherche sur le droit transnational .Leiden: Brill, 2007.

LENZA, P. **Direito Constitucional Esquematizado**. São Paulo: Saraiva, 2012.

LUHMANN, N. **Sociologia do Direito**. Rio de Janeiro: Tempo Brasileiro,1983.

LUHMANN, N. **A realidade dos meios de comunicação**. São Paulo: Paulus, 2011.

LYRA FILHO, J. **Introdução ao Direito Desportivo**. Rio de Janeiro: Pongetti, 1952.

MAISONNEUVE, M. **L'arbitrage des litiges sportifs**. Paris: LGDJ, 2011.

MELO FILHO, Á. **O novo direito desportivo**. São Paulo: Cultural Paulista, 2002.

MONÇÃO, A. A. **Mediação e Arbitragem Aplicadas ao Desporto e o Tribunal Arbitral do Esporte**. São Paulo: Dialética, 2022.

MOREIRA, A. J. **O que é discriminação?** .Belo Horizonte: Letramento, 2017.

MOREIRA, V. **Auto regulação profissional**. Coimbra: Almedina, 1997.

NEGÓCIO, R. V. **Lex sportiva: da autonomia jurídica ao diálogo transconstitucional**. 2011. Dissertação (Mestrado em Direito Constitucional) — Faculdade de Direito Programa de Estudos Pós-Graduados em Direito, PUC-SP, 2011.

NETTO, M. C; Scotti, G. **Os Direitos Fundamentais e a (In) Certeza do Direito**. Belo Horizonte: Editora Fórum, 2012.

NEVES, M. **Entre Têmis e Leviatã, uma relação difícil**: o Estado Democrático de Direito e partir e além de Luhmann e Habermas. São Paulo: Martins Fontes, 2012.

NEVES, M. **Transconstitucionalismo**. São Paulo: Martins Fontes, 2018.

NICOLAU, J. **Direito Internacional Privado do Esporte**. São Paulo: Quartier Latin, 2018.

RABUSKE, A. E. **Antropologia filosófica**. 7 ed. Petrópolis: Vozes, 1999.

RAWLS, J. **Justiça como equidade**: uma reformulação. São Paulo: Martins Fontes, 2003.

REEB, Matthieu. Le Tribunal Arbitral du Sport: son histoire et son fonctionnement. **Journal du Droit International Clunet**, n. 1. Paris: LexisNexis/JurisClasseur, 2001.

ROUSSEAU, J. J. **A Origem da Desigualdade Entre os Homens**. São Paulo: Editora Schwarcz, 2020.

RUBIO, K. Agenda 20+20 e o fim de um ciclo para o Movimento Olímpico Internacional. **Revista USP**, v.108, p. 2012-2028, 2016.

RUBIO, K. (org.) **Olimpização**: notas sobre o desejo de inclusão no modelo olímpico. São Paulo: Laços, 2019.

SANTOS, B. S. **A crítica da razão indolente**: contra o desperdício da experiência. 4 ed. São Paulo: Cortez, 2002.

SANTOS, B. S.; Chaui, M. **Direitos Humanos, democracia e desenvolvimento**. São Paulo: Cortez, 2014.

SARLET, I. W. **A eficácia dos direitos fundamentais**. Porto Alegre: Livraria do Advogado, 1998.

SARLET, I. W. (org.). **Dimensões da Dignidade**: ensaios de filosofia do direito e direito constitucional. Porto Alegre: Livraria do Advogado, 2009.

SARMENTO, D. **Dignidade da pessoa humana**: conteúdo, trajetórias e metodologia. Belo Horizonte: Fórum, 2016.

SCHAUER, F. **Fuerza de Ley**. Lima: Palestra Editores, 2015.

SGARBI, A. **Clássicos da Teoria do Direito**. Rio de Janeiro: Lumen Juris, 2020.

SILVA, J. A. **Aplicabilidade da norma constitucional**. São Paulo: Malheiros, 2000.

SPIVAK, G. C. **Pode o Subalterno Falar?** Belo Horizonte: Editora UFMG, 2010.

TAYLOR, T. Sport and International Relations: A case of Mutual Neglect. **The Politics of Sports**, p. 27-48, 1986.

VALENTE, E. F. Notas para uma crítica do Olimpismo *In*: TAVARES, O.; Da COSTA, L. P. (ed.). **Estudos olímpicos**. Rio de Janeiro: Gama Filho, 1999.

VALENTE, M. G. Liberdade de expressão e discurso de ódio na Internet. *In*: FARIA, J. E. (org.). **A Liberdade de Expressão e as Novas Mídias**. São Paulo: Perspectiva: 2021.

TEUBNER, G. **O direito como sistema autopoiético**. Lisboa: Calouste, 1993.

TRINDADE, A. A. C. A Questão da Implementação dos Direitos Econômicos, Sociais e Culturas: evolução e tendências atuais. **Revista Brasileira de Estudos Políticos**, v. 71, n. 7, 1990.

WILDE, R. **A Declaração Universal dos Direitos Humanos**. São Paulo: Edusp, 2007.